Agnès Florin

INTRODUCTION À LA PSYCHOLOGIE DU DÉVELOPPEMENT

(Enfance et adolescence)

DUNOD

ISBN 2 10 006508 4

Sommaire

Chapitre 2
L'enfant, le langage et le développement cognitif

Chapitre 3
L'enfant et les relations à autrui

Chapitre 4
L'adolescence

Introduction

Qu'est-ce qu'un enfant ? Pendant longtemps on l'a considéré comme un adulte inachevé, défini davantage par ses manques que par ses compétences. Pour nous, adultes, c'est souvent le souvenir de ce que nous ne sommes plus. C'est aussi un être qui nous pose des questions difficiles : pourquoi elle tourne, la Terre ? Pourquoi il est noir, le monsieur devant nous ? C'est quoi, du métal ? Il nous apprend à devenir des parents et il est souvent le projet et le désir d'un couple, avant même d'être né.

Longtemps associé très jeune aux tâches familiales et au travail, il se retrouve aujourd'hui plus longtemps à l'écart de la société des adultes, dans des activités propres (scolarisation, loisirs), et le passage vers la vie d'adulte est rarement accompagné par des rites initiatiques socialement organisés. Les débuts de l'enfance, après l'âge de bébé, sont devenus plus flous, mais sa fin et les limites de l'adolescence sont encore plus difficiles à situer et relativement indépendantes de l'âge, de la maturité sexuelle ou de la majorité civile. L'adolescence biologique ne coïncide plus avec l'adolescence sociale : devient-on un adulte lorsqu'on n'habite plus chez ses parents (et l'on sait combien certains s'y attardent jusqu'à un âge avancé…) ou lorsqu'on est inséré dans la vie professionnelle ? Faut-il considérer le moment où les enfants lavent leur linge eux-mêmes ? Ou bien celui où les adultes les reconnaissent eux-mêmes comme adultes ?

Tous les enfants n'ont pas la même place dans les différentes sociétés. La plupart des pays ont ratifié la Convention internationale des droits de l'enfant du 20 novembre 1989. Ratifier ne signifie pas toujours appliquer, et les violations des droits des enfants perdurent, y compris dans les sociétés occidentales.

Un enfant est porteur des caractéristiques spécifiques de l'espèce humaine et de son évolution. Il est également le produit d'une transmission génétique, qui exerce des contraintes sur son développement. Il est aussi socialisé et éduqué en fonction de son groupe social. Mais il n'est pas entièrement déterminé par son espèce, ses gènes ou la société : il est aussi l'acteur de son développement, car c'est lui qui traite l'information fournie par son environnement, selon ses possibilités et ses intérêts. La psychologie réintroduit la liberté du sujet dans la construction de la personne.

On considère ici l'enfant dans sa globalité, ainsi que les interactions entre les différents aspects du développement. On a pris le parti de présenter tout d'abord la petite enfance (chap. 1), ce qui permet de montrer la dynamique du développement. Ensuite, compte tenu de l'importance des différences interindividuelles pour un âge donné, on considère séparément différents aspects du développement jusqu'à l'adolescence, dans les relations que développe l'enfant avec son environnement (chap. 2 et 3). L'adolescence fait l'objet d'un chapitre spécifique, en tant qu'étape avant l'âge adulte, plutôt qu'achèvement dans les processus du développement psychologique.

Enfin, un tableau synoptique présente les principales acquisitions. Il fournit des repères et ne constitue pas des normes rigides, car des décalages, parfaitement normaux, existent entre les enfants. L'une des caractéristiques majeures du développement est qu'il est fait d'avancées rapides, mais aussi de stagnations, voire de régressions. C'est là que réside toute la difficulté : laisser aux enfants le temps de grandir, sans les abandonner dans des difficultés qui risquent de se cristalliser et d'entraver la suite de leur développement.

Chapitre 1

La psychologie de la petite enfance

La petite enfance se situe de 0 à 2 ans environ. Dans ce temps court s'établissent les fondements du développement ultérieur de la personne, ce qui ne signifie pas pour autant que tout se joue avant 2 ans.

La recherche sur le fœtus, le nouveau-né (jusqu'à 3 semaines) et le nourrisson (jusqu'à 12 ou 15 mois environ, soit jusqu'à l'âge de la marche) et sur leurs capacités perceptives, s'est développée grâce à l'utilisation de nouvelles techniques d'observation et d'expérimentation. Vers 2 ans, le petit enfant marche sur ses deux jambes, il fait preuve de capacités motrices fines et peut manipuler des objets, il a acquis les premiers concepts fondamentaux d'espace, de temps, de causalité, il a développé des relations sociales et maîtrise les rudiments du langage.

Examinons les méthodes d'étude de la psychologie des bébés, les compétences du fœtus et la continuité transnatale, les différents aspects du développement, avant de considérer les lieux de vie des bébés.

I. LES MÉTHODES D'ÉTUDE DE LA PSYCHOLOGIE DES BÉBÉS

Les méthodes dépendent des aspects étudiés. L'*expérimentation*, qui consiste à contrôler et à faire varier les conditions d'apparition d'un phénomène pour déterminer leur part respective d'influence sur ce phénomène, sert surtout à examiner les capacités perceptives des bébés et leurs activités avec les objets (avec les bébés, le contrôle s'avère souvent difficile).

L'*observation*, quant à elle, est l'enregistrement direct des comportements ou d'un phénomène sans intervention du chercheur et suppose des choix préalables (unités à observer, échantillons temporels) et doit, pour avoir un intérêt scientifique, être répétable et donc vérifiable ; elle permet plutôt de décrire leurs interactions sociales. Mais ce découpage est pour une part arbitraire : dans une situation expérimentale, les bébés ont à la fois des activités cognitives, des réactions émotionnelles et des interactions sociales, ne serait-ce qu'avec cet adulte inconnu qu'est l'expérimentateur. Expérimentation et observation sont souvent combinées dans les recherches sur les bébés.

L'éventail des comportements des nouveau-nés est limité et s'élargit avec l'âge, témoignant de leur fonctionnement psychologique : indices physiologiques comme le rythme cardiaque, respiration ou activité électrique cérébrale, activité orale, orientation du regard, exploration tactile, ou mouvements de différents segments du corps. Toutes les techniques utilisées posent de nombreux problèmes théoriques et méthodologiques, qu'on n'abordera pas ici (*cf.* Pêcheux et Lécuyer, 1989).

1. L'expérimentation

L'idée d'expérimenter avec des bébés peut surprendre, voire inquiéter. Rappelons tout d'abord que les psychologues fondent leur action sur un Code de déontologie professionnelle (il existe des codes nationaux et une charte européenne des psychologues) et le respect de la personne humaine dans sa dimension psychique. De plus, les bébés ne sont pas particulièrement disposés à coopérer avec les chercheurs et refusent toute contrainte : ils peuvent s'endormir ou s'intéresser à autre chose que ce qu'on leur présente. En ce sens, une expérimentation n'est possible que si le matériel et la tâche proposés intéressent les bébés, ce qui fonde sa validité écologique, comme le soulignent Lécuyer, Pêcheux et Stréri (1994).

• La succion non nutritive

La succion apparaît dès la vie fœtale et fonctionne à la naissance. On distingue la succion nutritive au rythme lent et régulier, les aspirations entraînant l'ingestion de liquide, et la succion non nutritive, qui ne suppose pas d'ingestion. La seconde se décompose en deux activités : l'une est régulière, composée d'aspirations regroupées en bouffées ; l'autre, irrégulière, est un mâchonnement, à fonction exploratoire. On observe des durées de mâchonnement plus longues pour des stimuli inhabituels que pour des stimuli habituels, et la fréquence des mâchonnements augmente avec l'âge.

- **Le temps de fixation relatif**

On présente au bébé deux cibles, à quelques dizaines de centimètres, l'une à droite et l'autre à gauche. Un enregistrement vidéo permet de voir laquelle est regardée par le bébé et la durée de fixation visuelle. Si la durée d'exploration d'une cible est significativement différente de 50 % du temps total d'exploration des deux cibles, on considère que le bébé manifeste une préférence visuelle.

- **L'habituation et la réaction à la nouveauté**

La plupart des recherches utilisent l'habituation visuelle, et plus rarement l'habituation auditive ou tactile. Un essai commence quand le bébé regarde la cible, et il s'arrête quand il ne la regarde plus ; on considère qu'il y a habituation lorsque la moyenne des durées de 3 essais successifs est égale ou inférieure à la moitié de la moyenne des 3 premiers essais. Cette disparition de la réaction est considérée comme le signe que le bébé a découvert tous les éléments qu'il pouvait découvrir. Plus le stimulus est complexe, plus l'habituation est lente. Une fois le bébé habitué, on lui présente un stimulus nouveau. S'il l'a reconnu comme différent du précédent (s'il l'a discriminé), il manifeste son intérêt, par exemple par le regard. On peut même lui présenter simultanément deux nouveaux stimuli, pour savoir quel est pour lui le plus nouveau. L'habituation-réaction à la nouveauté, en tant que réaction différenciée à l'environnement, serait la forme élémentaire de l'apprentissage.

- **Le conditionnement**

Le bébé doit accomplir une certaine action (par exemple un pédalage) pour obtenir une récompense (la mise en mouvement d'un mobile ou l'apparition d'un petit personnage), ou pour éviter une sensation désagréable (un jet d'air sur la cornée). Cette possibilité de conditionnement chez les bébés de quelques mois, voire chez les nouveau-nés, atteste des capacités précoces d'apprentissage et de repérage des relations temporelles et causales entre deux événements.

2. L'observation

L'observation, directe ou par vidéo, suppose l'utilisation de grilles de lecture ou d'échelles de notation pour sélectionner les éléments à observer en fonction des hypothèses de recherche. On ne peut présenter ici les différents outils d'observation des bébés et de leurs relations avec l'environnement. On se limitera à trois d'entre eux, largement utilisés en examen clinique tout autant qu'à des fins de recherche.

- **L'échelle d'évaluation du comportement néonatal de Brazelton (1983)**

Elle peut être utilisée avec des nourrissons de 3 jours à 1 mois sans problème apparent pendant la grossesse ou à la naissance (leur score d'Apgar ne doit pas être inférieur à 7, 8 et 8 points respectivement à 1, 5 et 15 minutes après la naissance. Il comporte cinq critères : fréquence cardiaque, ventilation respiratoire, tonus musculaire, réactivité et coloration, notés de 0 à 2, et permet de se faire une idée chiffrée de l'état d'un nouveau-né à sa naissance). On étudie leur comportement interrelationnel, leurs réactions à l'environnement et l'effet qu'ils exercent eux-mêmes sur l'environnement. Elle se compose de 27 items comportementaux et de 20 items de type neurologique (réactions provoquées et réflexes). On observe l'intensité de la réponse du bébé aux différents items, ses réactions d'orientation vers les stimuli sensoriels (visuels et auditifs, animés et inanimés) et ses réactions d'habituation, selon son état (sommeil, éveil actif, etc.). Sont également observés : sa tonicité et sa motricité, son irritabilité, son aptitude à être consolé, sa capacité d'auto-apaisement et ses sourires. Cette échelle est aussi l'occasion de montrer aux parents la subtilité des comportements de leur bébé, ses capacités de communication, et de les aider à repérer les attitudes et les stimulations qui lui conviennent le mieux.

- **L'échelle Brunet-Lézine (1951, 1971) de développement psychomoteur de la première enfance**

L'échelle, publiée sous plusieurs versions par Odile Brunet et Irène Lézine, collaboratrices de René Zazzo, et révisée par Denise Josse en 1997, a pour objectif principal le dépistage précoce des enfants « anormaux » et le repérage d'éventuelles carences environnementales. Elle s'applique à des enfants de 2 à 30 mois et comporte 154 items répartis en 4 sous-échelles pour les différents secteurs du développement : l'*échelle P de développement postural* pour le développement moteur et postural ; l'*échelle C de coordination oculomotrice* pour les capacités de manipulation fine ; l'*échelle L de langage* pour la communication non verbale, la compréhension et la production du langage ; l'*échelle S de sociabilité* pour les relations sociales, la conscience de soi et l'adaptation sociale.

Elle permet de calculer un quotient de développement (QD) par secteur et un quotient global et elle rend compte du rythme de développement et des décalages éventuels entre plusieurs secteurs, notamment pour des enfants considérés « à risque » : prématurés, porteurs d'un déficit particulier. Mais cette évaluation quantitative ne prend sens qu'à l'intérieur d'un examen clinique global, en tenant compte de la dynamique de développement de l'enfant, après une nouvelle application permettant de voir les évolutions.

- **L'échelle HOME (Home Observation for Measurement of the Environment) de Bradley et Cadwell (1976)**

Conçue pour évaluer l'environnement physique et social dans lequel se développent les bébés de 6 à 36 mois, elle est utilisée au cours d'un entretien avec la mère, lors d'une observation au domicile. Les items sont côtés en + ou en – et regroupés en 6 sous-échelles : réactivité émotionnelle et verbale de la mère, tolérance, organisation de l'environnement, parc de jouets, interventions maternelles, variabilité de l'environnement. Malgré une grande importance accordée aux objets, souvent jugée culturellement surdéterminée, cette échelle permet des recherches comparatives et elle a une valeur pronostique pour le développement cognitif de l'enfant.

II. LES COMPORTEMENTS DU FŒTUS ET LA CONTINUITÉ TRANSNATALE

Bien des comportements des bébés se construisent pendant la vie fœtale, dès lors que les organes sensoriels sont fonctionnels (Pouthas et Jouen, 1993).

1. L'entrée en fonction des organes sensoriels

La vie prénatale se compose de deux périodes : la vie embryonnaire, de la conception à 80 jours ; la vie fœtale, de 80 jours à la naissance, soit environ 280 jours – signalons que le Comité national d'éthique a recommandé en 1988 l'utilisation du terme fœtus pour toute la vie prénatale.

À 8 semaines de vie, l'embryon présente toutes les caractéristiques de l'être humain et l'on peut distinguer sa tête, ses membres, ses doigts et ses organes sensoriels ; il mesure environ 9 centimètres et pèse 20 grammes. Au cours de la vie fœtale, les organes sensoriels entrent progressivement en fonction et leur ordre de développement est commun à tous les vertébrés : toucher, équilibre, olfaction-gustation, audition et vision.

Par le toucher, le fœtus établit des contacts avec la paroi utérine et les différentes parties de son corps, selon les déplacements de sa mère et les siens ; il suce aussi son pouce. À 9 semaines, des fœtus en état de vie provisoire ont des réactions motrices à des stimulations de la face et de la paume des mains. Les prématurés sont très sensibles aux caresses comme aux examens douloureux.

À 3 mois, la fréquence des mouvements de déglutition du fœtus augmente si on injecte des substances sucrées dans le liquide amniotique. Une sensibilisation à certaines saveurs ou odeurs (par exemple le curry) induit des préférences après la naissance.

À 4 mois, les mouvements brusques du fœtus sont perceptibles par la mère, mais la motricité est bien plus précoce : sursauts (8 semaines), mouvements généraux du tronc, de la tête et des membres, hoquets (8-9 semaines), mouvements respiratoires (10 semaines), mouvements des bras, des jambes ou de la tête

(9-10 semaines), ouverture de la mâchoire (10-11 semaines), étirements, bâillements et rotations (10 semaines), mouvements oculaires lents, puis rapides (16-23 semaines).

À 6 mois, le système auditif fonctionne et les structures de l'oreille moyenne sont achevées vers 7-8 mois. Le milieu intra-utérin correspond à un bruit de fond (bruits cardio-vasculaires maternels et fœtaux, bruits digestifs) et de bruits externes atténués (voix humaine, musique, etc.). Le fœtus réagit à certains sons, par des variations de son rythme cardiaque, des réponses motrices ou des réflexes comme le sursaut, des réponses électrophysiologiques (potentiels évoqués au niveau cérébral) ou histochimiques.

Plusieurs expériences attestent des capacités de discrimination auditive des fœtus et de leurs possibilités d'apprentissage : on place un haut-parleur à 20 centimètres au-dessus de l'abdomen de la mère, elle-même équipée d'un casque d'écoute diffusant de la musique, afin que les réactions du fœtus aux sons diffusés par le haut-parleur ne soient pas induites par celles de sa mère. Le fœtus entend ainsi une série de 16 séquences comme /babi/ : au début, il a une réaction d'éveil, puis un ralentissement du rythme cardiaque ; ensuite la réaction disparaît, signe d'une habituation. On fait alors entendre une autre séquence sonore (/biba/) et un nouveau ralentissement cardiaque montre que le fœtus a discriminé les 2 séquences (*idem* avec des mots comme « rat » et « chat »). Rien n'indique pour autant qu'il les reconnaît, ni à plus forte raison qu'il comprend des mots. Inutile donc d'investir dans des méthodes d'apprentissage de l'anglais pour fœtus, comme on en a vu fleurir sur le marché – les publicités pour ce genre de méthodes se gardent bien de mentionner les résultats de la moindre étude sur les effets postnataux d'un tel « apprentissage »… et pour cause !

2. La mémoire des fœtus

La présentation régulière de certains stimuli pendant la vie fœtale, ou leur association avec des événements agréables ou désagréables, peuvent entraîner leur mémorisation, avant et après la naissance, ce qui constitue une certaine « continuité transnatale ». On a déjà évoqué la mémorisation des saveurs ou des odeurs. Ajoutons que des bébés nourris au biberon depuis leur naissance manifestent, à 15 jours, une nette préférence pour l'odeur du sein d'une femme allaitante par rapport à celle d'une femme non allaitante ou à une situation sans odeur. Des bébés ayant séjourné près d'un aéroport dès le cinquième mois de leur vie fœtale ne se réveillent pas à un bruit d'avion émis près de leur oreille alors qu'ils pleurent pour une séquence musicale de même intensité. Les nouveau-nés manifestent des préférences spécifiques pour la voix de leur mère par rapport à celle d'une autre femme, pour la langue maternelle, pour certaines séquences parlées, quel que soit le locuteur (un poème est lu par la mère pendant la grossesse, puis on fait entendre ce poème et un autre au nouveau-né, les deux étant lus par une autre femme).

Les stimulations fœtales contribuent au fonctionnement des voies nerveuses correspondantes. La continuité transnatale facilite le développement des interactions et le tissage des liens sociaux : le bébé s'apaise en reconnaissant des stimuli familiers, comme la voix de ses parents ou l'odeur de sa mère. Certains comportements qui semblaient innés, comme la localisation du mamelon, apparaissent en fait comme le résultat d'apprentissages prénataux.

III. LE DÉVELOPPEMENT POSTURAL ET MOTEUR

La période de 0 à 2 ans est celle des grandes conquêtes motrices, très repérables par l'entourage familial. Ce développement est lié à celui d'autres aspects : lorsque l'enfant commence à soulever sa tête, il peut découvrir ce qu'il y a au-delà du berceau ; le contrôle du bras, de la main et des doigts permet de pointer un objet du doigt pour l'obtenir ou en demander le nom ; la marche autonome permet d'explorer le monde des objets et des personnes et d'élargir ses connaissances…

1. Le nouveau-né (jusqu'à 3 semaines)

On a souligné l'état d'immaturité et la dépendance du petit d'homme à la naissance par rapport aux autres mammifères.

Après le cri de la naissance, qui fait entrer de l'air dans les poumons et déplisse les alvéoles, et des minutes d'éveil et de grande attention visuelle, le nouveau-né, recroquevillé en position fœtale et hypertonique, est plongé dans un état de somnolence quasi permanent et ses mouvements sont très globaux. Aussitôt né, il est capable de téter, de déglutir et d'expulser le méconium de son intestin. Il s'éveille sept ou huit fois par jour pour téter. Vers la fin du premier mois, l'alternance veille-sommeil est moins liée aux sensations de faim. On peut observer des réflexes archaïques, outre ceux de la succion, de la déglutition et de la défécation : il écarte les deux bras symétriquement lorsqu'on porte un coup violent sur la surface où il se trouve (réflexe de Moro) ; il esquisse des pas lorsqu'il est soutenu sous les bras et que la plante de ses pieds est en contact avec un plan horizontal (marche automatique) ; il s'agrippe tellement au doigt qui vient au contact de la paume de sa main qu'on peut ainsi le soulever (réflexe d'agrippement). Ces réflexes ont des intérêts évidents pour la survie ; ils disparaissent au cours des premiers mois, sauf cas pathologique. Vers 3 mois, l'hypertonie diminue et les réflexes archaïques s'estompent au profit d'activités motrices volontaires et adaptées, sous le contrôle du cortex cortical. La sensibilité des nouveau-nés est réelle : toucher, douleur, goût, sensibilité à la lumière – même s'ils ne distinguent pas clairement les objets –, et bien sûr, sensibilité aux bruits et à la parole.

2. Le nourrisson (jusqu'à 12 ou 15 mois)

À 3 semaines, le bébé suit les objets des yeux, puis de la tête, avec une attention toute particulière aux visages humains. Il contrôle les muscles du cou et du visage, puis ceux du torse, avant ceux des membres ; les mouvements volontaires des épaules précèdent ceux des bras et des mains, et il en est de même pour les membres inférieurs.

Le bébé a d'abord des réactions physiques globales, par exemple à une piqûre au doigt (gesticulation massive du corps), puis la réaction est plus localisée (il agite seulement la main). Plus les réponses de l'enfant sont complexes, plus il y a combinaison d'acquisitions spécifiques et différenciées. Par exemple, boire à une tasse (vers 18 mois) combine des sensations visuelles et des impressions relatives à la position de la tête, de la bouche, des bras et des mains. Il faut se redresser et fixer son regard sur la tasse, l'atteindre, la saisir et la tenir droite, la porter à ses lèvres, l'incliner selon le bon angle, renverser le liquide (de préférence dans la bouche) et avaler.

Dans cette période, les bébés contrôlent progressivement les différents segments de leur corps, explorent les objets et leur propre corps, s'assoient seuls, se tiennent debout avec un support. Ils coordonnent aussi plusieurs actions. Certains se déplacent en rampant, puis à quatre pattes ; d'autres passent directement à la marche sur deux jambes.

3. L'enfant de 1 à 3 ans

Au début de la deuxième année, l'enfant commence à marcher seul, explore par lui-même son environnement et va (ou pas) vers les personnes de son choix. C'est une étape essentielle dans le développement de l'autonomie. Vers 2 ans, il a une marche assurée, il court, monte des escaliers, lance une balle et commence à s'habiller tout seul. Le contrôle des sphincters (pipi-caca) apparaît progressivement vers 2 ans ou un peu après, mais des « oublis » sont encore fréquents pendant plusieurs mois. La motricité manuelle s'affine : il gribouille sur une feuille, enfile des perles, tourne les pages d'un livre (plusieurs à la fois), construit une tour de quelques cubes.

Vers 3 ans, il court tout droit et saute à pieds joints, il descend les escaliers un pied après l'autre et se déplace sur un tricycle, il a une bonne coordination des mains et des doigts, il trace des cercles et dessine une forme quelconque (pas forcément reconnaissable par l'adulte !) qu'il dénomme.

4. Les normes de développement et leur signification

Le développement psychomoteur a fait l'objet de nombreuses descriptions, depuis celle d'Arnold Gesell (1880-1961), psychologue et pédiatre américain, en dégageant des normes pour différents secteurs du comportement : moteur, mais aussi verbal, personnel et social, ainsi que l'adaptation à des situations nouvelles. Les normes n'expliquent pas la croissance physique ou psychologique, ni les anomalies ; elles sont des repères pour étudier les effets du milieu ou des changements sur le comportement (variations interculturelles, effet de carences affectives), ou pour suivre certains groupes d'enfants (prématurés par exemple). Il existe de grandes variations interindividuelles : si tous les bébés portent un objet à la bouche à peu près au même âge (2-3 mois), les écarts sont considérables pour certaines acquisitions comme la marche.

IV. PERCEPTION ET INTELLIGENCE

1. Les capacités perceptives et cognitives des bébés

Jusqu'en 1950, l'attention des chercheurs se portait surtout sur les activités motrices, ce qui a conduit à surestimer le rôle de la motricité dans le développement de l'intelligence et à sous-estimer des activités cognitives précoces, ainsi que le soulignait Lécuyer (1989). Les capacités motrices du bébé sont très limitées, et il ne peut exercer son intelligence qu'en effectuant des constats de liaisons causales entre plusieurs événements, grâce à ses capacités perceptives, ou en agissant sur les adultes proches, grâce à ses capacités de communication (*cf. infra*).

• La discrimination

Des bébés de quelques semaines discriminent des damiers plus ou moins complexes, selon leur nombre de carreaux. Il existe un optimum de complexité, qui augmente avec l'âge et les capacités de traitement de l'information ; en revanche, les réactions à la nouveauté varient selon les bébés, et dans une certaine mesure indépendamment de l'âge : certains manifestent à 2 mois une préférence pour la nouveauté alors que d'autres, plus âgés, semblent préférer le familier. Les bébés ont les mêmes capacités perceptives avec les êtres humains : ils font la différence entre plusieurs personnes et discriminent la voix de leur mère de celle d'une autre femme. À quelques semaines de vie, ils peuvent distinguer leur mère d'une autre femme sur des photographies. Vers 5 ou 6 mois, ils différencient des visages ou des timbres de voix exprimant diverses émotions.

- **La catégorisation**

Les bébés manifestent également des capacités de catégorisation : trouver ce qu'il y a d'identique entre plusieurs stimuli, malgré leurs différences. À 4 mois, des bébés familiarisés à des images de fruits réagissent à la nouveauté devant une image d'une autre catégorie. À 7 mois, ils différencient des images de visages selon le sexe. Bien sûr, cela ne signifie pas qu'ils catégorisent comme le font des enfants plus âgés, qui maîtrisent des concepts relativement abstraits.

- **La coordination entre modalités sensorielles**

Les capacités précoces de coordination entre modalités sensorielles, et notamment entre vision et préhension, font que des nouveau-nés peuvent atteindre un objet passant à proximité de leur main : leurs gestes sont deux fois plus nombreux lorsque l'objet est effectivement accessible que lorsqu'il est hors d'atteinte. Ils anticipent une collision avec un objet virtuel en détournant la tête si celui-ci a une trajectoire menaçante, alors qu'ils ne se défendent pas si sa trajectoire est décalée par rapport à leur visage.

- **La permanence de l'objet**

On a longtemps considéré qu'avant 9 mois, un bébé n'aurait pas la notion de permanence des objets : ceux-ci cesseraient d'exister pour lui lorsqu'ils ne sont plus visibles. En fait, une certaine conception de l'objet est bien plus précoce : ayant vu un objet disparaître derrière un écran, des bébés de 8 semaines anticipent du regard sa sortie de l'autre côté de l'écran, en fonction de sa trajectoire ; mais ils ne semblent pas surpris si l'objet qui sort n'est pas celui qui est entré, comme si l'important était la trajectoire de l'objet mobile, davantage que sa forme ou sa couleur.

- **Des connaissances sur la physique des objets**

Les bébés ont des connaissances précoces de la physique des objets et ils manifestent des réactions de surprise devant des événements impossibles : un objet privé de support qui ne tombe pas, un objet en mouvement qui change spontanément de direction, un objet qui en traverse un autre, etc.

2. L'intelligence sensorimotrice selon Piaget

Cinq notions sont essentielles pour comprendre la théorie de Piaget : schème, assimilation, accommodation, adaptation et équilibration. Les *schèmes* sont les actions fondamentales de la connaissance, à la fois physiques (vision, succion, préhension, etc.) et mentales (classement, comparaison, etc.). Une expérience nouvelle est assimilée à un schème, et un schème est créé ou modifié par l'accommodation. L'*adaptation* est l'ensemble des modifications des conduites permettant un équilibre des relations entre un organisme et son milieu de vie. Selon Piaget, les processus d'adaptation relèvent de l'*assimilation* lorsqu'ils intègrent des données nouvelles à des conduites antérieures, et de l'*accommodation* lorsque les données nouvelles transforment un schème de conduite antérieur pour le rendre compatible avec le traitement des données nouvelles.

L'*équilibration* est l'un des éléments de l'adaptation : la restructuration périodique des schèmes, permettant à l'enfant de maintenir une cohérence dans sa compréhension du monde. Piaget décrit trois équilibrations ou restructurations :

– vers 2 ans, lorsque l'enfant passe de la prédominance des schèmes sensoriels et moteurs aux premières représentations internes ;
– vers 6-7 ans, avec l'acquisition d'opérations mentales générales et abstraites ;
– à l'adolescence, avec l'accès aux opérations formelles, lorsque l'enfant comprend comment opérer sur les idées, comme sur les objets ou les événements.

Le bébé assimile l'information de son environnement avec les schèmes dont il dispose (vision, succion, audition, préhension), et il adapte ces schèmes à partir de ses expériences, il les modifie (il les accommode) pour s'ajuster aux nouvelles expériences. Selon Piaget, le bébé ne réagit d'abord qu'aux stimuli immédiats et ne fait pas de lien entre des événements, d'une fois sur l'autre. Puis il mémorise des actions, des événements ou des objets pendant un certain temps, sans toutefois manipuler ces images mentales ou ces souvenirs, ni maîtriser des symboles, ce qui deviendra possible au début de la période suivante, qualifiée de préopératoire.

- **Les sous-stades de l'intelligence sensorimotrice**

Piaget distingue plusieurs périodes ou sous-stades dans l'intelligence sensorimotrice :

– *sous-stade I (1er mois)* : c'est l'exercice des réflexes, premières réponses globales de l'enfant à une stimulation externe. La répétition de ces réponses les rend plus précises et permet l'assimilation ; c'est le cas par exemple de la succion ou de la préhension ;

– *sous-stade II (2 mois à 4 mois)* des réactions circulaires primaires : c'est la reproduction active d'une action fortuite concernant le corps propre de l'enfant, et ayant produit un résultat intéressant (des vocalisations ou un mouvement de l'avant-bras) ;

– *sous-stade III (4 mois et demi à 8-9 mois)* de la coordination vision-préhension et des réactions circulaires secondaires (orientées vers les objets) : il marque, selon Piaget, l'apparition de l'intentionnalité, avec le début de la prise volontaire d'objets ; l'enfant saisit ce qu'il voit et passe de son corps propre au monde des objets. Il reproduit volontairement une action fortuite sur un objet, dont le résultat lui a paru intéressant (agiter un objet sonore). Il reproduit, avec de nouveaux objets, des conduites exploratoires utilisées avec des objets familiers (porter à la bouche, passer d'une main dans l'autre), et il les modifie pour s'ajuster à leur forme, leur volume, leur poids, etc. ;

– *sous-stade IV (9 mois à 11-12 mois)* de la coordination des schèmes secondaires : l'enfant coordonne intentionnellement différents schèmes pour parvenir à un but, ce qui suppose de prévoir un résultat, et il développe des relations de causalité. Il distingue moyens et fins : il utilise la main d'un adulte pour reproduire un résultat intéressant (actionner un objet sonore). Il anticipe les événements et repère qu'enfiler un manteau annonce une sortie. Par ses manipulations d'objets, il développe sa compréhension du monde ;

– *sous-stade V (12 mois à 18 mois)* de différenciation des schèmes d'action et de découverte de moyens nouveaux : l'enfant développe des expériences « pour voir » en faisant varier des éléments de la situation, pour en modifier le résultat, par exemple en faisant tomber divers objets, avec des gestes différents et selon des trajectoires différentes. De telles expériences énervent les parents, mais permettent à l'enfant de vérifier des lois essentielles de la physique (ce qui n'exclut pas le plaisir de manipuler ses parents !). Il opère par tâtonnements, utilise divers outils (bâton, cuillère, etc.) pour rapprocher un objet éloigné, et il délaisse ensuite l'outil au profit de l'objet convoité ;

– *sous-stade VI (18 mois à 24 mois)* de l'invention de moyens nouveaux par combinaison mentale : au lieu de procéder par tâtonnements pour parvenir à la solution d'un problème, l'enfant manifeste des compréhensions soudaines (insight), après quelques tentatives infructueuses suivies d'une pause, grâce à des combinaisons mentales de schèmes sensori-moteurs. Piaget cite l'exemple de sa fille Lucienne : elle sait prendre une chaîne dans une boîte d'allumettes par une fente de 10 millimètres, mais elle n'y parvient pas lorsque l'ouverture est seulement de 3 millimètres ; elle essaye plusieurs schèmes (glisser le doigt dans la boîte, la retourner) sans réussir, s'arrête, puis ouvre et ferme la bouche, introduit le doigt dans la boîte pour élargir la fente et saisit la chaîne.

Marcher tout seul permet à l'enfant de structurer l'espace autrement, à partir de sa propre mobilité. La notion de temps évolue, en lien avec les déplacements dans l'espace (avant/après), et l'enfant se représente les relations causales entre plusieurs actions, y compris des actions extérieures à lui. Pouvoir se représenter mentalement un événement absent permet l'imitation différée (reproduire, pour jouer, le comportement d'une personne qu'on vient d'observer), déjà présente avant 18 mois selon plusieurs auteurs.

- **Des compétences plus précoces qu'on le pensait**

En deux ans environ, l'enfant passe de l'exercice réflexe à la combinaison de schèmes d'action. La troisième année voit se développer la pensée symbolique : la mise en relation des objets, événements, actions avec des signes.

Les travaux récents sur l'intelligence des bébés ont mis en évidence des compétences plus précoces que ne le pensait Piaget, et ceci dans plusieurs domaines : l'imitation, les relations intermodales (entre plusieurs modalités sensorielles), la catégorisation, la permanence de l'objet. Plusieurs chercheurs ont observé des conduites d'imitation chez des nourrissons, en principe impossibles à cet âge, selon Piaget : en 1945, Zazzo s'amuse à tirer la langue à son fils, alors âgé de 25 jours ; il s'étonne que ce dernier tire la langue à son tour et cela se répète plusieurs fois. Des années plus tard, des chercheurs américains ont répliqué cette observation avec des nouveau-nés. Mais, dans tous les cas, il s'agit d'imitations de mouvements et non pas de positions statiques. Cette imitation précoce disparaît progressivement. Il en va ainsi de diverses conduites des bébés, qui apparaissent précocement, sous une forme rudimentaire, et disparaissent, avant de réapparaître, quelques mois plus tard, sous une forme plus élaborée.

V. LES INTERACTIONS SOCIALES

1. L'adulte, partenaire privilégié

Parmi les « objets » qui entourent le bébé, l'adulte est l'un des plus intéressants. C'est avec lui que s'établissent, dès la naissance, les premiers contacts visuels et corporels. Le nouveau-né reconnaît le visage de sa mère, sa voix, son odeur. Les signaux envoyés par les deux partenaires au cours des premières interactions prennent rapidement valeur de communication. En quelques semaines, les rythmes biologiques de l'enfant s'ajustent à ceux de la mère, et l'alternance veille-sommeil, d'abord indépendante du cycle jour-nuit, se modifie en fonction des périodes d'activité et de repos maternels. Un accordage s'opère pendant l'allaitement : lorsque le bébé tète, la mère ne le stimule pas, mais pendant ses pauses, elle le caresse ou lui parle.

Dans les moments d'interaction en face-à-face, s'établit un contact basé sur le regard, les expressions faciales, le toucher et les vocalisations. Ces interactions deviennent très fréquentes lorsque le bébé atteint l'âge de 2 mois et qu'il manifeste des périodes d'éveil et de sommeil bien contrastées, avec un intérêt plus grand pour son environnement. Les deux partenaires se regardent et vocalisent simultanément ; lorsque le bébé détourne le regard, la mère cesse de lui parler. Chacun se charge, à tour de rôle, de maintenir le contact par le regard, le sourire ou des vocalisations. Dans l'alternance des phases de réponse et de retrait, les pauses permettent au bébé de contrôler ses états internes et de réguler la quantité d'information apportée par son partenaire. Dès les premières semaines, il exprime par ses mimiques des émotions primaires, identifiées comme telles par l'adulte : surprise, joie, peur, dégoût, colère. Ses réactions cardiaques et certaines émissions sonores traduisent aussi ses émotions.

2. Les premières communications

À 3 ou 4 mois, la mère et le bébé ne vocalisent plus simultanément mais à tour de rôle, en maintenant un court intervalle de temps entre leurs productions respectives, qui permet au partenaire d'émettre sa réponse ; ils établissent ainsi une sorte de conversation. Ceci marque le début de l'acquisition des tours de parole, qui favorise le maintien du contact interpersonnel. C'est principalement l'adulte qui fournit des stimulations à l'enfant et qui s'ajuste à son état général.

Vers 5 mois, la plupart des stimulations de l'adulte sont des appels ou des maintiens d'attention, lorsqu'elle est déjà focalisée : il s'agit de guider l'enfant vers les éléments saillants d'un objet ou d'un événement à explorer. Pour cela, la mère place un objet dans le champ visuel du bébé, l'agite, le déplace ou lui fait émettre des sons. Selon Pêcheux (1994), ces stimulations maternelles à 5 mois et la durée de focalisation du bébé sur des objets à 8 mois sont corrélées ; ainsi, la mère fournit-elle un soutien à la construction d'un contrôle autonome de l'attention chez son bébé.

3. L'étayage selon Bruner

Vers 6 mois, le bébé commence à prendre l'initiative des interactions et l'adulte accompagne ses progrès en lui fournissant un étayage. Il s'agit de :

– le mobiliser vers le but à atteindre ;
– réduire la difficulté de la tâche (dans une tâche d'encastrement, l'adulte présente le support orienté de telle sorte que l'enfant n'ait qu'à poser l'objet à sa place sans que son orientation fasse problème) ;
– signaler les caractéristiques pertinentes, y compris en fournissant des démonstrations qui incitent l'enfant à imiter ; maintenir son attention, en gérant les éventuelles distractions ;
– fournir une évaluation des productions, en félicitant pour les réussites et en protégeant contre les frustrations en cas d'échec.

Ainsi l'adulte permet à l'enfant d'aller au-delà de ce qu'il est capable tout seul. Au fur et à mesure des progrès, l'étayage de l'adulte doit disparaître et lui permettre de devenir autonome.

Cet étayage prend place dans des épisodes d'actions conjointes, avec un ajustement des comportements de l'adulte à ceux du tout-petit, qui se traduit par des réponses contingentes, c'est-à-dire immédiates et adaptées au besoin ou à la demande de l'enfant. Ce dernier y trouve une motivation à poursuivre son action ou son exploration et développe ainsi un sentiment de compétence. De nombreux échanges ont lieu dans des situations répétitives (repas, bain, lecture de livres d'images, jeux, etc.). Recevoir une même réponse à une même action rend l'environnement prévisible pour l'enfant, qui prend ainsi conscience de son pouvoir sur l'environnement tout en développant la notion de causalité. Dans ces activités à la fois verbales et gestuelles, l'enfant apprend aussi, entre 8 et 10 mois, à inverser les rôles, à être destinataire et agent de l'action, mené et meneur.

L'alternance des rôles de récepteur et de locuteur s'y superpose, dans l'expression vocale d'abord, puis verbale.

Jerome Seymour Bruner (1915-)
Psychologue américain

Il enseigne la psychologie successivement à Harvard (à partir de 1952) et à Oxford (à partir de 1972). Ses travaux traitent de la perception, du développement cognitif de l'enfant et de l'éducation.

Il commence par construire une théorie de la perception, qui, selon lui, ne peut pas être déterminée entièrement par le contenu du message sensoriel, et montre l'influence de plusieurs variables : les expériences antérieures, les émotions, les besoins sociaux, les valeurs, etc. Il se consacre ensuite au développement cognitif de l'enfant, puis du bébé (à partir de 1960). Pour lui, le développement du bébé est d'abord celui de ses habiletés motrices, avant la construction des représentations imagées et celles que permet le langage. À l'inverse de Piaget, Bruner voit dans le développement du langage la cause du développement cognitif. Son intérêt pour l'éducation s'est manifesté tout au long de sa carrière ; il a étudié le développement des savoirs et des savoir-faire de l'enfant dans les interactions de tutelle et la collaboration avec l'adulte, médiateur de la culture. Ses travaux se situent dans la continuité de ceux du psychologue et pédagogue russe Lev Vygostski (1896-1934) et de son approche historique et culturelle du développement.

Parmi les traductions en français de ses publications, citons le recueil d'articles *Le Développement de l'enfant : savoir faire, savoir dire* (Paris, PUF, 1983) et la traduction de *Acts of Meaning* sous le titre : *...Car la culture donne forme à l'esprit. De la révolution cognitive à la psychologie culturelle* (Paris, Eshel, 1991). Un autre ouvrage, très accessible, traite des débuts de la communication : *Comment les enfants apprennent à parler* (Paris, Retz, 1987).

4. Le langage adapté à l'enfant (LAE)

Les ajustements de l'adulte se traduisent également dans l'expression verbale : il ne s'adresse pas à un tout-petit comme à un adolescent. On parle de langage adapté à l'enfant (LAE), dont les principales caractéristiques sont les suivantes : ralentissement du rythme de la parole, intonation exagérée, vocabulaire limité et composé de mots à référence concrète et fréquents dans la langue, énoncés courts, discours redondant (l'adulte se répète et répète ce que dit l'enfant, souvent en y ajoutant de l'information), nombreuses descriptions et demandes d'actions ou d'informations. Ces procédés d'adaptation fournissent un contexte de communication qui facilite la compréhension du langage et les apprentissages de l'enfant.

5. Des partenaires diversifiés

Progressivement, les partenaires de l'enfant vont se diversifier. Dans les premiers mois, la mère est le partenaire principal, mais le père prend de plus en plus une part active dans les échanges ultérieurs, et sa relation avec la mère contribue à la qualité de l'environnement du bébé. Il développe aussi des interactions avec son enfant, dans les activités de soin et les jeux auxquels il participe. Ses modalités d'interaction sont similaires à celles de la mère, avec une tendance à proposer davantage d'activités nouvelles ou déstabilisantes, qui aident l'enfant à progresser dans la réalisation autonome des tâches proposées (Le Camus, Labrell et Zaouche-Gaudron, 1997).

Les tout-petits ont aussi des contacts précoces avec d'autres enfants : dans la fratrie ou avec les pairs. Des regards et des explorations réciproques surviennent si les bébés sont proches, en face-à-face, mais ces premiers échanges sont assez brefs. Les conduites d'imitation sont fréquentes, dès lors que les bébés sont en mesure de manipuler des objets : ports d'objets semblables, actions et abandons simultanés. Au cours de la deuxième année, les échanges deviennent plus complexes, et les répertoires comportementaux se diversifient : offrandes, sollicitations, câlins, mais aussi menaces, saisies et agressions ouvertes.

Avec ses partenaires adultes et enfants, le tout-petit trouve l'occasion de développer et de diversifier ses compétences de communication, chacun ayant son style propre d'interaction. Il découvre le monde avec autrui et tisse des liens sociaux.

VI. PERCEPTION ET PRODUCTION DU LANGAGE

Bien avant l'apparition des premiers mots vers 12 mois, les bébés distinguent les sons du langage et ils en produisent eux-mêmes. Les acquisitions dans ce domaine sont nombreuses et renvoient à des capacités de traitement de l'information très sophistiquées (Boysson-Bardies, 1996).

1. La perception du langage

Au cours du premier mois, ils distinguent des sons proches comme *ba* et *pa*. Ils marquent une préférence pour la voix de leur mère par rapport à celle d'une autre femme, ainsi que pour leur langue maternelle par rapport à une autre langue. Ils sont sensibles à des variations de la prosodie (musique de la parole : rythme, tempo, accent, intonation). *À 5 mois*, ils catégorisent certains sons malgré des variations d'intonation, reconnaissent une syllabe dans des énoncés différents, repèrent des changements dans des schémas d'intonation. *Vers 6-8 mois*, ils peuvent distinguer les sons de n'importe quelle langue, y compris ceux qu'ils n'entendent pas dans la langue qu'on leur parle. Par exemple, l'anglais n'a pas le son *u* qui existe en français, et l'espagnol fait la distinction entre *d* et *t*, contrairement à l'anglais ; le japonais ne distingue pas *l* et r. Des bébés de quelques mois distinguent de tels sons, alors que les adultes de même langue n'en sont plus capables. Les bébés finissent par ne retenir et discriminer que les sons employés dans leur langue de socialisation. On pense que les connexions neuronales correspondantes disparaissent lorsqu'elles ne sont plus exercées. *À 8-10 mois*, ils distinguent les frontières entre groupes de mots (syntagme verbal/syntagme nominal : le gros chat/mange la souris) ; les bébés repèrent une frontière anormalement située. Ils reconnaissent aussi des mots à l'intérieur de phrases : c'est le début de la compréhension des mots en contexte. *Vers la fin de la première année*, ils distinguent les frontières entre les mots, comprennent 30 mots en contexte et reconnaissent quelques termes familiers hors contexte.

De 12 à 16 mois, la compréhension des mots s'élargit (entre 100 et 150) et les enfants commencent à comprendre l'idée de phrase. *De 16 à 20 mois*, ils comprennent en moyenne 200 mots et distinguent entre catégories de mots (actions, objets animés ou inanimés, etc.). *À la fin de la deuxième année*, ils comprennent des relations entre les mots et leur ordre syntaxique, lorsque le contexte et la sémantique sont cohérents (on passe à la pharmacie avant d'aller à la boulangerie).

2. La production du langage

Le premier mois est celui des cris, des pleurs et des sons végétatifs, en réaction aux sensations de malaise ou de confort. *De 1 à 5 mois*, le répertoire sonore se diversifie : rires, vocalisations, premiers *arrheu*, et début du contrôle des sons émis. *Entre 5 et 7 mois*, les bébés commencent à maîtriser leurs vocalisations, imitent des intonations entendues et babillent (vers 7 mois), c'est-à-dire émettent des productions sonores répétitives avec alternance rythmique de consonnes et de voyelles (*bababa*, *dédédé*). *De 8 à 10 mois*, les bébés de différents pays ne babillent pas de la même manière et sont influencés par les caractéristiques de leur langue maternelle (Boysson-Bardies, 1996) : une oreille exercée peut distinguer les babillages correspondant à différentes langues (arabe, français, cantonais). Des bébés sourds vocalisent, comme les bébés entendants, jusqu'à 5 ou 6 mois, mais ensuite, ils ne babillent pas et leurs vocalisations diminuent. Si leurs parents parlent la langue des signes, cette exposition précoce à une autre forme de langage, qui passe par d'autres modalités sensorielles, leur permet de babiller manuellement vers 8 mois, en produisant des gestes sans signification, des mouvements rythmiques d'ouverture et de fermeture avec des configurations particulières de la main (*cf.* Petitto et Marentette, 1991). *Vers 10-12 mois*, certaines productions sonores apparaissent en relation stable avec les situations ; par exemple, un enfant dit *mamama* chaque fois que son repas se prépare. Vers la fin de la première année, les adultes reconnaissent des mots dans ces productions, c'est-à-dire des séquences sonores proches des mots et identifiées comme tels : la charge affective de productions comme *papa* ou *mama* lorsque les parents s'approchent de l'enfant, en fait les premiers mots les plus fréquemment repérés, et dont la production est évidemment très encouragée…

De 12 à 16-18 mois, persistent des formes de babillage avec des intonations qui peuvent faire croire que l'enfant produit des phrases. La production lexicale augmente lentement : on compte environ 5 ou 6 mois pour qu'il produise ses 50 premiers mots. Les variations dans la taille des répertoires d'un enfant à l'autre peuvent être considérables, ainsi que les mots produits. Katherine Nelson (1985) a identifié des styles d'acquisition de ce premier lexique, en relation avec le langage auquel les enfants sont exposés : certains enfants, qualifiés de *référentiels*, ont une proportion élevée de noms, alors que d'autres, qualifiés d'*expressifs*, ont un vocabulaire plus diversifié, avec des pronoms, des formules sociales (*va-t-en*, *viens ici*, *veux ça*). Les premiers apprennent à parler surtout des choses et donneraient priorité au lexique, alors que les seconds sont plus intéressés par des aspects relationnels et donneraient priorité à la syntaxe. Quelques mois plus tard, les *référentiels* et les *expressifs* se rejoignent dans le vocabulaire qu'ils emploient. Ce premier vocabulaire est également sensible aux influences culturelles. Si tous les bébés de différents pays ont parmi leurs premiers mots ceux qui désignent les adultes proches, les objets quotidiens pour boire et manger, certains vêtements et les cris d'animaux familiers, des formules de salutations, ils diffèrent sur d'autres items, comme l'a observé Boysson-Bardies (1996). *De 18 à 24 mois*, les catégories formelles de mots se diversifient, avec une proportion plus importante de verbes et d'expressions diverses. Le vocabulaire augmente rapidement (entre 200 et 300 mots), la prononciation des mots s'améliore et les premières phrases de 2 ou 3 mots apparaissent. Vers 18-20 mois, les enfants commencent à produire deux mots à la suite, qui ont un rapport de sens, avec une baisse de l'intonation après chaque mot et une courte pause entre les deux (*auto… garage*) ; puis la pause disparaît et l'intonation baisse seulement après le deuxième. Il arrive aussi que les enfants fassent précéder leurs premiers mots d'un élément neutre (*a*, *é*), préfiguration des formes article + nom ou démonstratif + nom (*é chat*, *a poupée*). Dans les premières phrases de deux mots, certains, en petit nombre, apparaissent souvent et à une place définie, soit en premier, soit en second : on les appelle des mots-pivots. Les autres forment une classe ouverte, n'ont pas de position fixe et peuvent apparaître seuls, ce qui n'est pas le cas des mots-pivots. L'ensemble donne des combinaisons comme : *apu dodo*, *apu gâteau* ou *donne ça*, *veux ça*, *fais ça*. Cette étape correspond aux débuts du développement syntaxique ; l'enfant utilise encore peu d'articles dans ce discours télégraphique, mais il commence à employer des formes d'expression du genre et du nombre.

VII. LES LIEUX DE VIE DES BÉBÉS

1. La famille

Le premier lieu de vie de l'enfant est évidemment la famille. La famille a évolué, historiquement et culturellement : dans les années 1950, le bébé avait surtout des rapports avec ses parents, ses frères et sœurs, et ses grands-parents dans le cas des familles élargies, et c'était seulement vers 5 ou 6 ans, avec l'entrée en fin de maternelle ou à l'école élémentaire, que son expérience sociale s'élargissait à d'autres personnes. Le combat pour l'égalité sociale homme-femme a permis un regard plus critique sur la répartition des rôles masculins et féminins et des fonctions dans la famille. Les soins aux enfants sont moins considérés comme la charge exclusive des femmes et davantage comme relevant de la responsabilité des deux parents. Mais les pratiques éducatives restent souvent traditionnelles et les femmes sont partagées entre leur désir d'être pour leur(s) enfant(s) la meilleure mère possible, présente et disponible, et leurs aspirations d'épanouissement personnel et d'activité professionnelle. Tant que l'égalité ne sera pas pleinement admise socialement – ce qui devrait se traduire dans la politique sociale de la famille et de la petite enfance, dans le monde du travail tout autant que dans la vie familiale –, la maternité et l'éducation des enfants continueront à spécialiser les femmes dans des activités professionnelles jugées plus compatibles que d'autres avec leur fonction maternelle.

Quoi qu'il en soit, les pères sont incités à jouer un rôle de plus en plus tôt auprès de leur enfant : ils sont nombreux à participer à la préparation à l'accouchement et au maternage des premiers mois. Ils revendiquent souvent un rôle important auprès de l'enfant (on a parlé de « nouveaux pères » dans les milieux sociaux plutôt favorisés), et le concept de « parentalité » tend à se substituer à la distinction traditionnelle des fonctions du père et de la mère.

2. Les modes d'accueil de la petite enfance

En Europe, une large proportion d'enfants de moins de 3 ans est accueillie hors du domicile familial, dans des structures collectives ou chez des nourrices. C'est au Danemark que l'accueil subventionné des tout-petits a été le plus développé, et 50 % des moins de 3 ans y ont une place.

En France, d'après les données récentes de la Caisse nationale d'allocations familiales, près de la moitié des enfants de moins de 3 ans était gardée à leur domicile, par leur mère le plus souvent, par un autre membre de la famille ou une autre personne. Pour les autres, gardés hors domicile, ce sont surtout les gardes individualisées qui sont utilisées – assistante maternelle ou autre personne –, et moins les crèches, surtout par manque de places par rapport aux demandes. La garde occasionnelle est assurée par les haltes d'enfants (Florin, 2000*b*). À partir de 2 ans, les petits peuvent également être accueillis à l'école maternelle, et environ un tiers des 2-3 ans sont scolarisés – la France et la Belgique sont les deux pays à scolariser avant 3 ans.

2 ans : la fin de la petite enfance et des acquisitions considérables dans tous les domaines. Mais tout n'est pas joué pour autant, loin de là…

Chapitre 2

L'enfant, le langage et le développement cognitif

L'âge de 2 ans marque une étape importante dans le développement du langage et de la cognition : il correspond à peu près à l'émergence de la fonction *sémiotique*, c'est-à-dire la possibilité d'utiliser des signes pour évoquer des objets, des personnes ou des événements absents. Cette évolution ne se limite pas au langage, mais englobe aussi les images mentales, l'imitation différée, les gestes symboliques, le dessin. Les systèmes symboliques peuvent être personnels, ou socialement partagés (exemple : l'écriture) ; si leur utilisation relève du développement cognitif, ils répondent également à des besoins d'expression et de communication. L'âge de 7 ans, considéré comme « l'âge de raison » dans la psychologie de sens commun, correspond en fait à une autre étape importante du développement avant l'adolescence, celle où les représentations sémiotiques s'organisent de façon logique et deviennent des opérations intellectuelles.

I. LE DÉVELOPPEMENT DU LANGAGE

Nous avons vu (chap. 1) l'importance des premiers mois pour la perception de la parole, les productions vocales et l'établissement des premiers dialogues avec l'entourage, et celle de la deuxième année pour la compréhension du langage et la production des premiers mots, d'abord isolés puis combinés dans un style télégraphique. Le langage articulé se développe au cours des années suivantes, dans ses différentes dimensions : lexicale, syntaxique, pragmatique. Avec l'entrée à l'école élémentaire, vers 6 ans, l'enfant aborde les apprentissages formels de l'écrit, et quelques années seront nécessaires pour qu'il devienne un lecteur « expert ». La maîtrise du langage oral et écrit se développe jusqu'à l'âge adulte (pour une présentation plus détaillée, *cf.* Florin, 2000*a*).

1. Le lexique et le sens des mots

Dans le premier vocabulaire, Bassano (2000) rappelle que les noms dominent (jusqu'à 18 ou 20 mois). À partir des 100 premiers mots, le nombre de prédicats (verbes et adjectifs) augmente beaucoup, et on enregistre ensuite, lorsque le vocabulaire atteint environ 400 mots, une brusque expansion des mots de la classe fermée (articles, pronoms, prépositions, conjonctions, etc.). Le développement du lexique est aussi celui du sens des mots (développement sémantique). Les jeunes enfants utilisent des stratégies pour découvrir le sens et développer leur vocabulaire. Il arrive souvent qu'ils appliquent un mot à une catégorie plus large et l'on parle alors de *surextension* : ils peuvent appeler « chat » tous les petits animaux familiers à quatre pattes, y compris des chiens. Ou à l'inverse, qu'ils utilisent un terme pour un sous-ensemble et réduisent l'appellation « chien » aux caniches. Ces étapes normales s'expliquent par les propriétés plus ou moins spécifiques qui ont été identifiées. Tant que les seuls traits « animal », « petit », « quatre pattes », « poilu » ont été repérés pour les chats, ceux-ci peuvent ne pas être distingués des chiens, et c'est l'identification du trait « miaule » qui restreint l'utilisation de « chat » à la catégorie, entraînant la nécessité d'un nouveau terme (« chien ») pour désigner les animaux qui n'entrent plus dans la catégorie. De même, tant que l'enfant n'a pas repéré que « chien » ne désigne pas uniquement des petits animaux au pelage noir et bouclé, qui aboient, mais aussi d'autres exemplaires plus grands ou plus courts sur pattes, d'une autre couleur, avec un museau ou des oreilles bien différents, il restreint le terme au sous-ensemble des caniches, s'ils sont les plus familiers pour lui. Lorsqu'il entend un nom nouveau, il l'interprète comme désignant l'objet dans sa totalité (« tracteur ») plutôt qu'une partie de l'objet (« les roues ») ou l'une de ses propriétés (« transporter de l'herbe »). Si un mot inventé est présenté comme un adjectif caractérisant un objet inconnu, les enfants s'orientent vers la couleur de l'objet si celle-ci est brillante, et vers la forme si la couleur est mate. Ainsi, selon les contextes, ils seront sensibles à un aspect plus ou moins saillant d'un objet ou d'un événement pour identifier le sens du mot nouveau qui s'y réfère. Le développement du lexique se poursuit tout au long de l'enfance et de l'adolescence, voire au-delà pour le vocabulaire technique lié aux études et à l'activité professionnelle.

2. La syntaxe

Le développement syntaxique a été particulièrement étudié à travers les comparaisons interlangues (Kail, 2000). Certaines langues, comme l'anglais, l'italien, le serbo-croate sont des langues de type SVO, dont l'ordre des mots dans la phrase est en général : sujet, verbe, objet. Mais cet ordre varie selon les langues et il est donc plus ou moins fiable pour repérer la fonction grammaticale des mots : en anglais, cet ordre ne peut pas être modifié, alors qu'il peut l'être quelquefois en italien, et souvent en serbo-croate. On observe des variations dans l'acquisition de la syntaxe chez des enfants de 2 à 4 ans, selon la langue apprise : la compréhension de la relation agent-patient (la fille pousse le garçon) évolue de manière similaire en anglais et en italien, alors qu'elle est plus tardive pour le serbo-croate. Ainsi, le développement syntaxique est facilité par la régularité de certaines caractéristiques formelles des langues, qui fournissent aux enfants des indices fiables pour comprendre les relations entre formes et fonctions. Ils commencent à utiliser les règles syntaxiques sans pour autant être des grammairiens conscients des règles d'organisation du discours dans une langue donnée. La capacité à contrôler consciemment l'usage des règles de grammaire, ou compétence métasyntaxique (Gombert, 1990), se développe véritablement avec les apprentissages formels de l'école élémentaire, à partir de 6 ou 7 ans.

3. Les aspects pragmatiques du langage

La pragmatique se réfère à l'utilisation du langage en contexte, dans des situations de communication. Selon cette perspective, parler, c'est agir sur autrui en réalisant des « actes de langage » : manifester une intention (demander, décrire, argumenter, tromper, etc.) en tenant compte de la situation et de l'interlocuteur (proximité physique, statut et degré de familiarité, connaissances partagées, etc.), tout en respectant certaines règles conversationnelles (tours de parole, expression de politesse, etc.). Il s'agit donc d'une dimension différente de la sémantique et de la syntaxe. Un énoncé peut être incorrect syntaxiquement et correct du point de vue sémantique et pragmatique (« c'est pas marrant ! »). Un énoncé syntaxiquement correct peut être sémantiquement faux (« le garçon mange la soupe avec un marteau »). Un énoncé syntaxiquement et sémantiquement correct peut ne pas être acceptable pragmatiquement lorsqu'il n'est pas adressé à la personne appropriée dans la situation appropriée (salutation à la famille du mort en arrivant à l'enterrement : « Bonjour ! J'espère qu'on va bien s'amuser ! »).

Plusieurs aspects du développement pragmatique ont été plus particulièrement étudiés. La production des demandes (Bernicot, *in* Kail et Fayol, 2000), dont l'expression est précoce (dès le mot-phrase, prononcé sur un mode impératif : « gâteau ! »), est d'abord celle des demandes de clarification (« quoi ? un quoi ? ») entre 1 et 2 ans, puis des demandes de précision à partir de 3 ans. Leur expression varie selon l'interlocuteur : dès 2 ans, elle est plus directe avec la mère qu'avec le père, avec les parents qu'avec d'autres personnes ; à partir de 4 ans, elle est moins directe avec un enfant plus âgé qu'avec un plus jeune, avec un adulte occupé qu'avec un adulte non occupé, avec un pair amical qu'avec un pair hostile. La compréhension du langage non littéral (qui signifie autre chose que ce qui est dit) dépend de l'âge et des éléments fournis par le contexte. Dire « vas-y, continue ! » lorsque l'enfant est en train de taper joyeusement avec sa cuiller dans son plat d'épinards est compris très tôt comme une injonction à stopper immédiatement. Mais la compréhension correcte des sarcasmes sans contexte contradictoire concomitant n'est guère effective avant 8 ans, âge auquel l'intonation sarcastique est bien comprise. Les performances des enfants français sont meilleures en la matière que celles des petits anglais, car les interdictions ironiques sont plus fréquentes de la part des parents francophones.

Les expressions idiomatiques (« j'ai d'autres chats à fouetter » en français, ou « j'ai d'autres poissons à frire » en anglais) sont comprises tardivement, vers 10 ans. Elles le sont plus facilement s'il s'agit d'expressions familières et transparentes. L'expression « marcher sur des œufs », dont la signification littérale a des relations avec la signification idiomatique, est comprise plus tôt que l'expression « vendre la mèche ». Pour cet aspect du langage comme pour les autres, la variété des situations de communication et les stimulations de l'entourage constituent des conditions plus ou moins favorables au développement des compétences.

4. L'acquisition du langage écrit

La plupart des enfants apprennent à lire en entrant à l'école élémentaire, mais ils se construisent des représentations de l'écrit bien plus tôt, en apprenant le sens de certains mots vus sur des emballages, des journaux, des affiches, etc. Ces apprentissages, d'abord implicites, font place progressivement à des apprentissages explicites, en relation avec la scolarisation. Comment parvient-on à lire des mots ? Chez l'adulte, l'accès au lexique se fait selon une double voie (Écalle et Magnan, 2002) :

– une voie directe par traitement d'un code orthographique, sans intervention des informations phonologiques dans le processus d'identification des mots ; la prononciation se fait grâce à la récupération dans le lexique mental d'un code phonologique ; cette voie, la plus rapide, est utilisée lorsque le lecteur connaît déjà le mot et qu'il en possède une trace orthographique en mémoire. Dans ce cas, il le comprend grâce à un processus de reconnaissance visuelle qui s'accompagne de l'activation de la représentation phonologique permettant de prononcer le mot (cas de la lecture à haute voix) ;
– une voie indirecte, plus coûteuse et moins rapide, mais disponible en cas de besoin, utilise des règles de correspondance graphème-phonème (entre signe écrit et son). Elle implique un code phonologique prélexical qui résulte de

l'assemblage des phonèmes ; le lecteur convertit le mot en une forme orale grâce au déchiffrement. Cette voie est utilisée pour lire des mots inconnus, dont on ne possède pas de trace orthographique en mémoire.

Selon les modèles développementaux classiques, trois étapes permettent l'élaboration de ces deux voies. La procédure *logographique* permet de deviner le mot à partir d'indices visuels, sans recours à la phonologie ou à l'ordre des lettres ; l'enfant traite les mots comme des objets visuels et non pas linguistiques (certains auteurs ne reconnaissent pas cette étape comme faisant partie de la lecture), et il peut ainsi « lire » quelques dizaines de mots déjà connus à partir des formes visuelles mémorisées. La procédure *alphabétique* passe par la médiation phonologique et la mise en correspondance des graphèmes et des phonèmes ; l'enfant peut lire des mots connus et aussi des mots inconnus ou des pseudomots (véli, acous), mais il rencontre des difficultés avec les mots à prononciation irrégulière (oignon, femme) ou dans la distinction de mots qui s'écrivent différemment mais se prononcent de manière identique (fois, foi, foie). Enfin la procédure experte, dite *orthographique*, permet la reconnaissance directe des mots sur leurs aspects orthographiques, sans recours systématique à la conversion phonologique. Lecture et écriture entretiennent des relations dynamiques, l'une constituant un stimulateur pour le développement de l'autre : la lecture logographique se développe avant l'écriture logographique, une maîtrise relative en écriture alphabétique est nécessaire pour développer la lecture alphabétique, et un bon niveau en lecture orthographique est une condition nécessaire pour écrire avec une orthographe correcte.

Actuellement, on considère que ces modalités de traitement de l'écrit, alphabétiques et orthographiques, correspondent à des procédures disponibles pour le lecteur plutôt qu'à des étapes du développement. On privilégie des modèles interactifs selon lesquels le traitement de l'écrit mobilise différents processeurs dans des tâches de reconnaissance des mots écrits. On s'intéresse en particulier au traitement analogique qui serait utilisé dès les débuts de la lecture : l'enfant parvient à lire des mots nouveaux sur la base d'une analogie avec des mots dont il connaît la forme orthographique (bal/bac, lapin/sapin).

La lecture implique à la fois la reconnaissance des mots et la compréhension. L'accès au lexique est une composante essentielle pour la rapidité et l'automatisation des processus d'identification des mots écrits (face à des mots écrits, un lecteur expert ne peut pas ne pas lire). L'analyse syntaxique d'une série de mots identifiés dépend de la complexité syntaxique, en relation avec l'âge du lecteur et ses capacités d'analyse morpho-syntaxique. Le traitement des propositions (pour comprendre la cohérence du texte ou faire des inférences) et leur maintien en mémoire selon leur position hiérarchique dans la structure globale du texte dépendent des ressources attentionnelles et des capacités de la mémoire de travail et de la mémoire à long terme. L'étude de la lecture-compréhension doit donc tenir compte de ces multiples aspects pour comprendre les différences ou les difficultés d'apprentissage. Les travaux qui analysent les prédicteurs des capacités de lecture montrent l'importance massive de la phonologie, ce qui plaide en faveur d'une pédagogie et d'interventions précoces basées sur les correspondances graphèmes-phonèmes et le traitement phonologique.

En général, les enfants n'apprennent pas à lire sans intervention des adultes. L'effort cognitif que représente cet apprentissage est facilité si l'écrit a un rôle privilégié dans le milieu de vie de l'enfant. De nombreuses recherches, tant dans le champ de la sociologie que dans celui de la psychologie, montrent combien les contacts précoces avec l'écrit et la culture écrite contribuent au développement des représentations orthographiques et de la lecture-compréhension.

II. LES AUTRES ASPECTS DU DÉVELOPPEMENT SÉMIOTIQUE

Comme nous l'avons vu en début de chapitre, la fonction sémiotique ne se limite pas au langage, mais s'exprime aussi à travers plusieurs domaines d'activités de l'enfant, que sont l'imitation différée, le jeu symbolique, l'image mentale, le dessin, dans la période de 2 à 7 ans, qualifiée par Piaget de « pré-opératoire ».

1. L'imitation différée et le jeu symbolique

Une imitation différée débute après l'absence du modèle imité. Dans la période sensori-motrice (avant 2 ans), l'enfant commence à imiter en présence du modèle, en reproduisant par exemple un geste pour dire « au revoir ! » ou « bravo ! ». Plus tard, il devient capable d'imiter le comportement d'un enfant en colère quelques heures après son départ, en poussant des cris identiques et en trépignant comme lui, le tout en riant. Après les jeux d'exercice caractéristiques des deux premières années, au cours desquels l'enfant explore et manipule des objets, y compris pour construire quelque chose (une tour) ou réaliser un objet (avec de la pâte à modeler), on assiste à l'émergence des jeux symboliques ou de faire semblant. Faire semblant de téléphoner avec des objets quelconques comme le bras d'une poupée, faire du cheval sur un balai sont autant de jeux symboliques propres à cette période. L'enfant apprend ainsi certains éléments des rôles sociaux (jouer à la maman, à l'épicier, etc.) ou tente de désamorcer des situations désagréables en les mimant avec des jouets ; il propose par exemple à son nounours d'aller chez le médecin pour se faire vacciner.

2. Le dessin

Avant 2 ans, un enfant a plaisir à gribouiller sur une feuille lorsqu'on lui en donne l'occasion, comme prolongement d'une action motrice et sans intention figurative repérable. Vers 2 ans, il prend conscience d'une relation entre son geste et son tracé, exerce un contrôle visuel sur ce dernier et commence à donner une interprétation figurative à son gribouillage, qui semble relever d'abord d'un « réalisme fortuit » (Luquet, 1927) : il découvre après coup une ressemblance accidentelle et lui donne un nom. Mais l'intention de représentation se fait jour. Entre 3 et 9 ans, l'enfant manifeste son intention de représenter quelque chose de précis, mais le dessin est encore très schématique (bonhomme-têtard, avec une tête d'où partent des bras et des jambes filiformes) ; il représente aussi des points de vue inconciliables, en dessinant ce qu'il sait et non ce qu'il voit (dessins en transparence du bébé dans le ventre de la maman, alignement des quatre roues de la voiture sous la carrosserie). Vers 8 ou 9 ans, les dessins sont plus réalistes, avec un souci des détails, des proportions et de la perspective, ce qui correspond au « réalisme visuel » selon Luquet (*op. cit.*). L'adolescence s'accompagne de la diminution des dessins spontanés, sauf vocation artistique.

3. L'image mentale

Les jeux symboliques et les dessins font appel à une représentation mentale, une image évoquant un objet ou un événement absents. Les images mentales ne sont pas observables, elles ne peuvent qu'être inférées à partir des activités de l'enfant. D'abord statiques (l'image d'une table), elles deviennent vers 7 ou 8 ans (avec le développement des opérations logico-mathématiques) des images cinétiques représentant un mouvement et des images de transformations représentant par exemple l'action de diviser un gâteau en quatre parts égales.

III. LES OPÉRATIONS INTELLECTUELLES

Vers 7 ans, les représentations sémiotiques s'organisent de façon logique et deviennent des opérations intellectuelles de type logico-mathématique. C'est, selon Piaget, le passage de la pensée intuitive à celle des opérations concrètes, dans la mesure où elles portent sur des objets concrets, manipulables, et pas encore sur des hypothèses, comme ce sera le cas, vers l'adolescence, avec l'accès aux opérations formelles et à la pensée hypothétique-déductive.

1. Les notions de conservation

Le critère de passage de la pensée intuitive aux opérations concrètes est celui de la réversibilité. Un exemple permet de comprendre : c'est une épreuve de conservation des quantités discontinues, dite « des jetons ».

Jean Piaget (1896-1980)
Psychologue et épistémologue suisse

Il s'intéresse d'abord aux mollusques des lacs suisses et soutient un doctorat ès sciences en 1921. Il étudie aussi la philosophie, la logique et l'épistémologie et aborde la psychologie de l'enfant par un questionnement sur la connaissance dont il veut construire une théorie scientifique à partir du développement des conduites. Il se forme à la psychologie et à la psychiatrie, puis il travaille dans le laboratoire d'Alfred Binet à l'élaboration d'épreuves du test de Binet-Simon. En 1921, il se marie et devient père de famille. Les observations minutieuses de ses trois enfants fournissent la matière de ses premiers ouvrages. Il devient professeur de philosophie à l'université de Neuchâtel en 1925 et directeur de l'Institut Jean-Jacques Rousseau en 1933, où il mène ses travaux avec ses collaboratrices Alina Szeminska et surtout Bärbel Inhelder, avec laquelle il publiera de nombreux ouvrages. Il enseigne ensuite la psychologie et l'épistémologie dans plusieurs universités, dont la Sorbonne (de 1952 à 1963). Il poursuit ses recherches jusqu'à sa mort, à la direction du Centre international d'épistémologie génétique et travaille également pendant de nombreuses années pour le Bureau international de l'éducation et l'Unesco. Mondialement connu, il forma une génération de psychologues. Silhouette célèbre, avec sa pipe et son béret, et doté d'un grand sens de l'humour, il avait des talents d'orateur très particuliers pour rendre claires et évidentes des propositions complexes, fruits de plusieurs années de travaux.

Son œuvre abondante (plus de 50 livres et 500 articles) explore les sources et les mécanismes de l'adaptation et de la connaissance. Selon Piaget, l'intelligence est « la forme la plus générale de la coordination des actions et des opérations ». L'évolution des modes de résolution des problèmes par les enfants permet de distinguer des opérations propres à chaque stade, qui apparaissent dans un ordre fixe : intelligence sensori-motrice, stade préopératoire, stade des opérations concrètes, stade formel.

Pour connaître Piaget, il faut le lire directement. *La Naissance de l'intelligence* (1936), *La Construction du réel chez l'enfant* (1937) rendent compte du développement des jeunes enfants. Ils constituent une illustration de sa méthode d'observation provoquée et d'entretien clinique, l'objectif étant de suivre la démarche de l'enfant et de comprendre comment il raisonne. L'examen est guidé à la fois par ses réponses et par les questions ☞

précises que Piaget lui pose, ou les contre-suggestions qu'il lui fait. Il ne s'agit pas d'évaluer la réussite ou l'échec de l'enfant, mais de comprendre sa démarche logique.

Parmi les nombreux ouvrages consacrés à Piaget, citons *L'Esprit piagétien* (dirigé par O. Houdé et C. Meljac, Paris, PUF, 2000), qui lui rend hommage à travers les contributions de nombreux psychologues de différents pays, tout en proposant une lecture critique à la lumière des travaux récents.

On dispose sur une table un tas de jetons blancs et un autre de jetons noirs. L'expérimentateur aligne 5 jetons noirs et demande à l'enfant d'aligner autant de jetons blancs.

Vers 4 ou 5 ans, l'enfant construit une rangée de longueur à peu près égale à la première, en serrant plus ou moins les jetons ; c'est la pensée intuitive, qui passe par l'image statique d'une configuration limitée spatialement par le premier et le dernier jeton de la rangée.

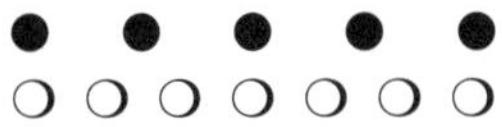

Dans une étape intermédiaire (vers 5-6 ans), l'enfant établit une correspondance terme à terme : il aligne 5 jetons blancs en face des jetons noirs. Mais si l'expérimentateur éloigne le dernier jeton de sa rangée, l'enfant renonce à l'équivalence et ajoute un ou plusieurs jetons à la sienne. Le *schème* reste irréversible, puisque le changement de correspondance visuelle fait que l'enfant ne peut plus se représenter l'ordre initial.

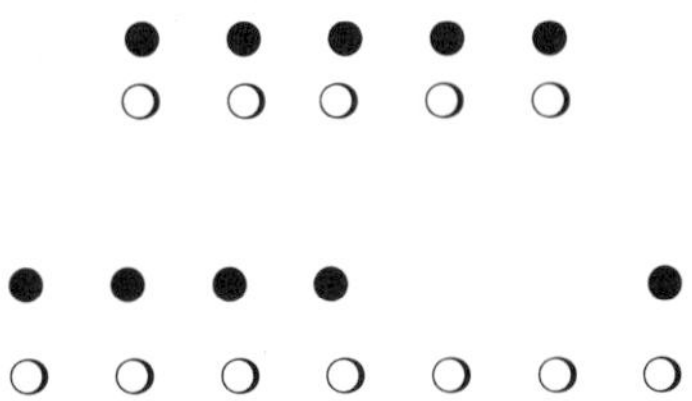

Vers 7-8 ans, l'enfant accepte l'équivalence des deux collections, quelle que soit la transformation opérée sur la première. Il peut dire « c'est pareil, tu peux le remettre comme avant, tu n'as rien ajouté ni rien enlevé ». Il a atteint l'étape des opérations concrètes, avec la réversibilité des actions intériorisées. La transformation est intellectuellement reliée à la transformation inverse (c'est la réversibilité : le retour à l'état initial annule la transformation antérieure), et l'enfant devient capable de considérer ce qui reste inchangé (invariant) au cours de la transformation : ici, la quantité discontinue.

Les notions de conservation illustrent des invariants cognitifs :

– la *conservation des liquides* (vers 7-8 ans) : en transvasant un liquide d'un verre dans un autre plus haut et plus étroit, la quantité de liquide reste identique, même si le niveau est plus haut dans le deuxième que dans le premier ;
– la *conservation du poids* (vers 9-10 ans) ; un enfant de 7-8 ans s'attend à ce que les plateaux d'une balance soient équilibrés si l'on place dessus 2 boules de pâte à modeler A et B de même poids et de forme équivalente ; mais si l'on transforme la boule B en B' en l'étirant, il peut dire que le plateau où se trouve B' sera plus bas (« parce que c'est plus grand, donc plus lourd »). Il faut attendre 9-10 ans pour que la conservation du poids soit acquise.

2. Classification, sériation, nombre

Lorsque l'enfant admet la réversibilité, les opérations s'organisent en structures d'ensemble de type logico-mathématique. Trois structures fondamentales de l'intelligence se construisent pendant la période des opérations concrètes (Piaget et Inhelder, 1989) : la classification, la sériation, le nombre.

- **La classification**

La classification est un groupement fondamental, qui se construit dès la période sensori-motrice (chap. 1). Lorsqu'on donne aux enfants de 2 à 12 ans des objets à classer en leur demandant de « mettre ensemble ce qui est pareil », Piaget et Inhelder distinguent trois étapes. Les plus jeunes (2-4 ans) réalisent des « collections figurales » : ils juxtaposent les objets non seulement en fonction de leurs ressemblances ou différences, mais de manière à ce que leur collection comporte une figure dans l'espace (en rangées, en carrés, en cercles, etc.), et avec une compréhension mal définie. Dans une deuxième étape (4-7 ans), celle des collections non figurales, ils réalisent des petits ensembles uniquement en fonction de leurs ressemblances, qui peuvent se différencier en sous-ensembles. La classification semble rationnelle, mais elle manifeste des lacunes dans « l'extension », comme le montre l'exemple des fleurs et des marguerites (dite situation d'inclusion de classes) : si, pour un ensemble B de 12 fleurs, dont un sous-ensemble A de 6 marguerites, on demande à l'enfant de montrer tour à tour les fleurs B et les marguerites A, il répond correctement, car il peut désigner le tout B et la partie A. Mais si on lui demande « Y a-t-il plus de fleurs ou plus de marguerites ? », il ne sait pas répondre selon l'emboîtement A < B car, s'il pense à la partie A, le tout B ne se conserve plus comme unité, et la partie A n'est plus comparable qu'à sa complémentaire A' (des tulipes) : il répondra donc « la même chose », ou s'il y a 8 marguerites, il dira qu'il y en a plus car il n'y a que 4 tulipes.

À partir de 7-8 ans, l'emboîtement des classes en extension (comme dans l'exemple précédent) est réussi. L'enfant considère qu'il y a plus de fleurs (B) que de marguerites (A) parce que les tulipes (A') sont aussi des fleurs. Il atteint ainsi l'étape de la classification opératoire avec composition des opérations directes A + A' = B et l'inverse B – A' = A, qui conduit à l'identique A + A' = B => B – A' = A. La classification opératoire n'est véritablement acquise que lorsque l'enfant parvient à résoudre le problème posé quel que soit le matériel utilisé.

- **La sériation**

La sériation consiste à ordonner des éléments selon une grandeur croissante ou décroissante. Les tout-petits témoignent d'une ébauche de cette opération lorsqu'ils construisent une tour avec quelques cubes dont les différences de taille sont bien perceptibles. Mais lorsqu'on leur donne 10 baguettes dont les différences de longueur sont faibles (5 millimètres), les moins de 5 ans constituent des couples ou des petits ensembles (une grande, une moyenne, une petite) non coordonnables entre eux. Vers 5 ans, par tâtonnements empiriques, ils construisent des séries complètes de 4 ou 5 éléments, mais sans utiliser correctement le reste des baguettes. La réussite opératoire existe vers 6-7 ans, lorsque l'enfant adopte une méthode systématique de comparaison deux à deux : en recherchant la plus grande, puis la plus grande des autres, etc., ou en posant 2 baguettes et en intercalant les autres baguettes. À ce stade, l'enfant a acquis la réversibilité par réciprocité : un élément E est compris comme étant simultanément plus grand que les précédents (E > D, C, B, A) et plus petit que les suivants (E < F, G, H, etc.) ; il a également acquis la transitivité : A > C si A > B et B > C, même si, après avoir comparé visuellement A et B puis B et C, on cache ensuite A pour faire déduire sa relation avec C. Il peut alors faire des correspondances entre séries (faire correspondre à des bonhommes de taille différente des cannes plus ou moins longues) et, vers 7-8 ans, utiliser correctement des tableaux à double entrée (pour disposer des feuilles variant à la fois par leur grandeur et leur couleur plus ou moins foncée). Là encore, la résolution d'un problème n'implique pas la réussite de toutes les situations analogues : la généralisation est progressive.

- **Le nombre**

La construction logique du nombre est en relation étroite avec celle des sériations et des inclusions de classes. Les bébés de quelques mois sont certes capables, par évaluation approximative, de distinguer de petites collections de 2 ou 3 objets, voire des plus grandes, comme le montrent les recherches récentes sur les compétences des bébés. Les enfants de 3-4 ans commencent à compter verbalement sous forme de comptine numérique, ce qui ne signifie pas qu'ils possèdent le nombre. On ne peut parler de nombres opératoires tant que l'enfant n'a pas acquis la conservation des ensembles numériques, quels que soient les arrangements spatiaux (*cf. supra* l'exemple de la conservation des quantités dans l'épreuve des jetons). Pour Piaget, le nombre résulte d'abord d'une abstraction des qualités différentielles qui a pour résultat de rendre chaque élément individuel équivalent à chacun des autres : $1 = 1 = 1$, etc. Ces éléments restent classables ensuite selon des inclusions : $1 < (1 + 1) < (1 + 1 + 1)$. Le nombre est une synthèse de la sériation (1, puis 1, puis 1, etc.) et de l'inclusion (1 inclus dans 2, 2 inclus dans 3, etc.).

De nombreux travaux ont été réalisés à la suite de ceux de Piaget (*cf.* Bernoussi, 1996, pour une présentation détaillée des études mentionnées ci-après). Ceux de Gelman ont mis l'accent sur cinq principes fondamentaux du comptage :

– la correspondance terme à terme (un mot-nombre correspond à un objet compté et un seul) ;
– l'ordre stable (ordre des mots-nombres) ;
– le principe cardinal (le mot-nombre du dernier élément prononcé désigne le nombre total des éléments) ;
– l'abstraction (les éléments ne sont que des entités distinctes et on peut même compter un ensemble d'objets hétérogènes) ;
– la non-pertinence de l'ordre de comptage (on peut compter l'ensemble des objets dans n'importe quel ordre).

En demandant d'évaluer le caractère correct ou incorrect des procédures de comptage d'une poupée, on détermine si l'enfant connaît ou pas chacun des principes. À 3 ans, les enfants connaissent les principes fondamentaux du comptage et appliquent un certain rituel social sans réelle signification logique : la réussite procédurale n'implique pas la conceptualisation.

D'autres auteurs, comme Fuson ou Steffe, ont proposé quatre étapes pour la construction de la chaîne numérique :

– le chapelet (récitation en continu des premiers noms de nombres connus) ;

– la chaîne non sécable (les noms sont différenciés, mais la suite ne peut être produite qu'en démarrant à 1) ;
– la chaîne sécable (l'enfant peut démarrer le comptage à n'importe quel endroit de la suite) ;
– la chaîne terminale (l'enfant peut compter en l'absence des objets à compter).

Au dernier niveau, un terme peut être décomposé et regroupé avec d'autres, et la suite numérique est emboîtée, sériée et cardinalisée.

Vilette remarque que les jeunes enfants ont souvent expérimenté les effets d'ajouts ou de retraits d'éléments à une collection, ou diverses formes de partage et de répartition. La situation de conservation numérique classique est, en revanche, nouvelle pour eux, et elle permet de repérer trois étapes du développement. Dans la première, toute transformation spatiale (*cf. supra* la situation des jetons) entraîne une modification de la quantité. Dans la deuxième, l'enfant comprend les transformations additives et soustractives (l'ajout ou le retrait de jetons dans une rangée fait qu'il y en a plus ou moins que dans l'autre), mais il ne comprend pas encore que l'ajout puis le retrait d'un élément à l'une des deux rangées équivalentes ne changent pas l'équivalence. Dans la troisième, il coordonne les ajouts et les retraits comme des transformations inverses ; la conservation de l'égalité numérique est atteinte et les modifications spatiales laissent les quantités invariantes, comme un système d'unités hiérarchisées et emboîtées successivement.

Après 7-8 ans, l'enfant est capable d'abstraire des lois numériques, de s'abstraire des nombres particuliers pour accéder aux lois générales ; il commence à utiliser les nombres relatifs, les décimaux ou les fractions et les situations de proportionnalité.

3. Le traitement de l'information et la mémoire

La psychologie cognitive explore les modèles de fonctionnement de l'être humain conçu comme un système de traitement de l'information, en référence à l'intelligence artificielle et à l'informatique. Pour rendre compte de l'organisation des connaissances en mémoire, on fait appel aux notions de *schémas*, de *scripts* et de *prototypes*. On distingue plusieurs types de connaissances : les connaissances *déclaratives* et les connaissances *procédurales*. On s'intéresse aussi au rôle de la *mémoire de travail* dans le développement.

Les *schémas* sont construits à partir des expériences avec les objets et les événements, sous forme d'unités ou de cases (*slots* en anglais) qui prennent des valeurs ayant une plus ou moins grande probabilité d'occurrence. Par exemple, l'enfant se construit progressivement le schéma d'une salle de classe à partir de son expérience des classes d'une école maternelle : il s'attend à y trouver des tables et des chaises, des jeux, un bureau et des images ou des dessins accrochés au mur plutôt qu'un bac à sable ou une baignoire, à moins qu'il ne s'agisse de jouets.

De la même manière, il construit en mémoire le schéma d'un événement (la journée de classe) ou *script*, pour reprendre le terme de Nelson (1985), qui génère des attentes particulières quant aux activités proposées par un nouvel enseignant et à leur succession temporelle. Les catégories conceptuelles sont dérivées des scripts issus de l'expérience, grâce au remplissage (*slot-filling* en anglais) des cases vides des scripts, au cours du développement. Si l'on prend l'exemple du repas, l'enfant apprend qu'il comporte une entrée, un plat et un dessert. Dans la « case » dessert, on peut avoir une pomme, un yaourt ou une tarte. Ces catégories de remplissage sont différentes des catégories taxonomiques (fruits, gâteaux, aliments) : les premières sont liées à des schémas particuliers, alors que les secondes sont décontextualisées (indépendantes de schémas particuliers). Les catégories taxonomiques sont constituées lorsque l'enfant peut réunir dans une même catégorie hiérarchiquement structurée des éléments issus de schémas différents (les desserts de la cantine, ceux de la maison).

La notion de *prototype* a été développée par Rosch (1976) pour rendre compte du degré de typicalité d'un élément d'une catégorie : le moineau est plus typique de la catégorie « oiseaux » que l'autruche. Le prototype, appris en premier par l'enfant, est l'exemplaire le plus représentatif, celui qui a le plus d'attributs en commun avec les autres exemplaires de la catégorie.

Les *connaissances déclaratives* concernent les propriétés des choses (savoir que), alors que les *connaissances procédurales* concernent les savoir-faire et les actions (savoir comment faire). La constitution de nouveaux savoir-faire implique la transformation de connaissances déclaratives en connaissances procédurales. Dans un premier temps, l'enfant reçoit des informations ou des instructions relatives au savoir-faire visé (apprendre à faire du vélo) qui ne lui permettent pas directement d'exécuter des procédures, mais qu'il interprète (tenir le guidon, poser les pieds sur les pédales en appuyant d'un côté puis de l'autre, etc.) ; il doit les maintenir en mémoire sous forme verbale, par répétition mentale explicite ou implicite, ce qui est extrêmement coûteux. Puis, grâce à la pratique, la connaissance est convertie sous forme procédurale, avec abandon de la médiation verbale. Dans une troisième étape, la précision de l'application des instructions augmente, ainsi que la vitesse d'exécution, grâce à un réglage de la connaissance (tourner plus ou moins le guidon en fonction du parcours, etc.). L'enfant sait faire du vélo lorsqu'il a automatisé les procédures nécessaires ; un retour à la médiation verbale et aux connaissances déclaratives sur la manière de faire du vélo serait alors le meilleur moyen de ne plus savoir faire… et de tomber par terre ! Tout savoir-faire maîtrisé, et donc automatisé, devient très difficile à expliquer verbalement (faire du vélo, lire, etc.).

La *métacognition* (ou capacité à gérer ses propres actions) joue un rôle important dans la communication de l'information, la compréhension, la résolution de problèmes et tout ce qui implique l'autorégulation (Noël, 1991). Elle reflète la prise de conscience des processus cognitifs en action et dépend des connaissances (savoir qu'on est meilleur en dessin qu'en maths), des expériences (l'impression de ne pas comprendre ce que dit la maîtresse), des buts (dessiner une jolie maison) et des actions ou stratégies pour parvenir au but qu'on se fixe (dessiner d'abord un mur, puis le toit et la cheminée, etc.).

L'enfant commence par distinguer seulement ce qu'il connaît de ce qu'il ne connaît pas. Il a des difficultés à estimer ses possibilités avant toute réalisation : d'abord il se surestime, puis il devient plus conscient de la difficulté d'une tâche ; il progresse vers l'autorégulation (il a moins besoin d'un contrôle extérieur de l'adulte) pour planifier les activités à entreprendre, contrôler les activités en cours de réalisation et vérifier les résultats en fonction des critères donnés.

Selon Houdé (1995), le développement cognitif n'est pas linéaire et ne se réduit pas à la substitution de structures nouvelles ; c'est aussi l'*inhibition* de structures concurrentes. Il montre ainsi que coexistent dans le développement cognitif des connaissances rationnelles et d'autres, irrationnelles et archaïques, considérées comme des « schèmes dangereux ». L'absence d'inhibition de ces « schèmes dangereux » permet d'expliquer les apparentes incohérences ou les décalages dans le développement. En reprenant l'épreuve d'inclusion de classes avec les fleurs et les marguerites, présentée de façon classique (*cf. supra*), ou en proposant une contre-suggestion en cas de réponse correcte (« certains disent qu'en ajoutant beaucoup de marguerites, on finit par avoir plus de marguerites que de fleurs ; ont-ils raison ? »), on observe un décalage entre la première version et la seconde chez des enfants de 9 ans. Des comparaisons avec des adolescents traumatisés crâniens ayant des lésions frontales (pour une approche de la neuropsychologie de l'enfant, *cf.* Gillet, Hommet et Billard, 2000) se manifestant par des troubles attentionnels d'inhibition et chez lesquels on observe le même décalage dans la réussite aux deux versions de l'épreuve conduisent Houdé à faire l'hypothèse d'un effet de non-inhibition corticosurrénal chez l'enfant. L'argumentation porte sur quatre domaines d'étude : la permanence de l'objet, la construction du nombre, la catégorisation et le raisonnement conditionnel.

La *mémoire de travail* a fait l'objet de nombreuses explorations depuis Piaget. Les enfants peuvent résoudre des tâches de plus en plus complexes nécessitant le maintien en mémoire de nombreux éléments pour arriver à la solution. On a donc considéré que l'augmentation des capacités en mémoire de travail expliquerait le développement cognitif. Il est vrai que l'empan mnésique (le nombre d'éléments maintenus en mémoire) augmente avec l'âge mental. Mais si l'on trouve fréquemment des corrélations entre mémoire et performance, il semble, d'après des recherches récentes, que l'ordre de difficulté des épreuves ne suit pas toujours l'ordre de grandeur des empans : l'empan numérique peut être supérieur à l'empan spatial, avec cependant une performance spatiale supérieure à la performance numérique. Il est probable que le développement d'une compétence produit à la fois une amélioration des savoirs et des savoir-faire ainsi qu'une augmentation des capacités mnésiques dans le domaine considéré.

IV. DIFFICULTÉS ET TROUBLES D'APPRENTISSAGE

La plupart des enfants rencontrent des difficultés, au moins ponctuelles, dans un domaine d'apprentissage ou un autre, et ceci fait partie du développement normal : difficulté à intégrer des notions nouvelles ou de nouveaux savoir-faire qui remettent en question des savoirs ou des procédures antérieures, compétences demandées supérieures à ce que l'enfant peut traiter cognitivement à un moment donné, désintérêt pour des apprentissages scolaires en relation avec des difficultés rencontrées par ailleurs, etc.

La notion de troubles renvoie à des difficultés d'acquisition importantes, durables, voire à une déstructuration des compétences, et à une résistance à la rééducation. Les troubles dans un domaine (par exemple en lecture) peuvent être isolés ou associés à d'autres problèmes généralement repérés à partir du cours préparatoire : difficultés importantes en orthographe ou en mathématiques, par exemple, retard mental, même léger, troubles du comportement, problème de compréhension, déficit d'attention important, etc. Il n'est pas possible dans un petit ouvrage comme celui-ci d'examiner l'ensemble de ces difficultés et des pathologies du développement (pour en savoir plus, *cf.* par exemple Dumas, 1999). On se limitera ici à une présentation d'une certaine forme de découragement scolaire, la résignation apprise, et à une définition des troubles des apprentissages.

1. La résignation apprise

La résignation apprise (ou amotivation) a été découverte chez l'animal : si le fait d'appuyer sur un bouton ne permet pas d'échapper à des chocs électriques, l'animal arrête d'agir. Les recherches chez l'homme ont montré la complexité du phénomène. Comme l'indiquent Lieury et Fenouillet (1996, p. 258), « sur un plan psychologique, la résignation arrive lorsque l'organisme (animal ou homme) ne perçoit plus de relation entre ce qu'il fait et les résultats de son action ». En suivant une classe de cours élémentaire 2 pendant une année scolaire, nous avons observé (Ehrlich et Florin, 1989) que les enfants faisaient de plus en plus de fautes d'orthographe au cours du premier trimestre. Les dictées étaient très simples à la rentrée, mais les difficultés de grammaire et de vocabulaire augmentaient ensuite de manière importante, ce qui avait pour conséquence une dégradation des performances des élèves. Nous avons montré qu'il ne s'agissait pas d'une coïncidence, en réalisant une étude expérimentale en français (lecture-compréhension) et en mathématiques (résolution d'opérations arithmétiques). Pour les deux disciplines, on considère un objectif de base, qui correspond à une performance moyenne initiale des élèves, puis on augmente la difficulté dans les séances suivantes (espacées de quelques jours) de 25 %, 50 % et 100 % (soit une exigence deux fois plus élevée dans le dernier cas). Les résultats sont similaires en français et en mathématiques, et les élèves se répartissent en trois groupes selon leur performance aux trois séances : certains progressent régulièrement (un tiers de la classe environ) ; tous les autres ont des résultats en baisse à la troisième séance, soit par rapport à leurs résultats de la seconde séance, soit même par rapport à ceux de la première. Les élèves en progrès avaient le niveau initial le plus élevé ; un tiers seulement des élèves moyens a progressé, et tous les élèves faibles ont des performances en baisse. Ainsi, une demande excessive provoque un découragement qui entraîne une baisse de performances en dessous de ce que les élèves sont capables de faire. Dans une deuxième phase de la recherche, on a procédé à des ajustements individuels, afin que la demande ne dépasse que faiblement les capacités de chacun : on observe alors une augmentation des performances d'une séance à l'autre.

Sur le plan neurobiologique, il semble que la résignation apprise soit un stress qui stimule les systèmes antidouleur du cerveau, avec comme effet la perte d'appétit, la passivité, la perte de motivation.

2. Les troubles des apprentissages

Ce sont d'abord la médecine et la neurobiologie qui se sont intéressées à ces troubles, avant la psychologie : le trouble spécifique de la lecture a été plus particulièrement étudié, mais ceux de l'expression écrite et de l'apprentissage du calcul sont aussi l'objet d'études systématiques. Ces troubles s'accompagnent souvent de problèmes importants dans la communication. Ils correspondent à des difficultés qu'on ne peut expliquer ni par des déficits intellectuels (retard mental) ou sensoriels (troubles de la vision ou de l'audition), ni par des difficultés sociales ou familiales, et qui atteignent des enfants ayant été scolarisés normalement. Pour autant, leur définition par exclusion n'est pas toujours simple (Khomsi, 1996), car un trouble léger de l'audition peut avoir un impact sur l'acquisition du langage oral et écrit, tout comme un déficit d'acuité visuelle ou de la motricité peut gêner l'acquisition du langage écrit, sans parler de l'impact de difficultés relationnelles ou familiales sur la scolarité. Mais ces différents éléments ne constituent pas la cause principale des troubles d'apprentissage.

Les *troubles du langage oral* sont des difficultés importantes rencontrées dès la petite enfance pour apprendre à parler : difficultés d'expression par rapport aux enfants de même âge (vocabulaire pauvre, phrases incomplètes ou mal formées), difficultés phonologiques et d'articulation, etc. Ils s'accompagnent ou non de difficultés de compréhension de consignes simples, d'interrogations ou d'autres expressions. L'enfant peut être difficile à comprendre car il prononce mal : substitutions de sons (d pour g), transpositions (ksi pour ski), ou omissions (aïon pour avion). La majorité des enfants atteints d'un trouble d'apprentissage de la lecture a présenté des difficultés de langage oral, principalement phonologiques.

Les *troubles spécifiques de la lecture, de l'écriture et du calcul* constituent des troubles de la langue écrite, sous le nom de dyslexie, dysorthographie, dyscalculie. La *dyslexie* est un trouble de l'identification des mots écrits (déchiffrer et reconnaître les mots), avec des incidences sur la compréhension de l'écrit. Tous les enfants ayant des problèmes de lecture ne sont pas dyslexiques et ce trouble touche une faible minorité d'enfants (au plus 5 %). Les enfants dyslexiques ont de grandes difficultés à segmenter les mots selon des règles phonologiques (enlever une syllabe d'un mot – en position initiale, médiane, ou finale – et prononcer ce qui reste : grenouille sans le début « gre »). Ces difficultés d'analyse phonologique ne leur permettent pas de passer de l'orthographe d'un mot nouveau à sa prononciation et à son sens et freinent considérablement l'automatisation de la lecture et la compréhension. Plusieurs types de dyslexie sont distingués en fonction de la nature des troubles. La *dysorthographie* se manifeste par des erreurs de même type dans l'écriture, qui altèrent fortement l'orthographe et la composition écrite (« gens est mare » ou « j'en n'ai mare » pour « j'en ai marre » dans une même copie de cours élémentaire 2, exemple cité par Khomsi, 1996). Ces difficultés sont souvent associées à des problèmes importants en lecture. Comme la lecture, l'écriture dépend de compétences multiples (motricité fine, vocabulaire, connaissance de l'orthographe et de la grammaire, etc.). La *dyscalculie* correspond à des difficultés variées pour effectuer les quatre opérations dès les premiers apprentissages du calcul et, par conséquent, pour résoudre des problèmes arithmétiques : manque de compréhension des signes mathématiques ou de reconnaissance des symboles numériques. Ces difficultés sont souvent associées à des problèmes de mémoire visuelle et spatiale.

Les travaux récents fondés sur l'imagerie cérébrale, et consacrés davantage à la dyslexie qu'aux autres troubles, situent leur origine dans des dysfonctionnements des structures cérébrales et cognitives sous-jacentes : moindre spécialisation des hémisphères cérébraux, activation moins importante et débit sanguin restreint dans certaines régions corticales. Un facteur héréditaire apparaît également : la probabilité de devenir dyslexique est plus fréquente en cas d'antécédents familiaux de troubles d'apprentissage de la lecture ou de l'orthographe ; des études réalisées sur de vrais jumeaux montrent une probabilité très élevée (jusqu'à 90 %) qu'un jumeau soit dyslexique lorsque l'autre l'est également. Pour autant, beaucoup de travaux sont à réaliser pour mieux cerner l'origine de ces troubles complexes, qui peuvent être associés à d'autres difficultés, ce qui complique le diagnostic et les interprétations.

Ces troubles sont signalés à des moments différents de la scolarité : en maternelle pour les troubles du langage oral, en début d'école élémentaire pour ceux de la lecture et souvent plus tard pour les troubles du calcul (alors que la construction du nombre commence bien avant !) et ceux de l'orthographe. Le signalement est aussi fonction de la sensibilité de l'entourage aux difficultés : si les problèmes de lecture alertent fréquemment dès les débuts des apprentissages scolaires dans ce domaine, les difficultés dans le langage oral, par exemple, sont moins prises en compte (dès lors qu'on arrive à se comprendre). Une autre dimension à considérer, pour une prise en charge précoce des troubles et leur traitement, est le fait que les enfants développent souvent des stratégies de compensation pour masquer leurs troubles : évitement des difficultés, utilisation de stratégies qui « marchent » dans un certain nombre de cas (par exemple, s'appuyer sur le contexte pour deviner un mot écrit qu'on ne peut lire).

La possibilité de surmonter ces troubles dépend de la précision du diagnostic, de la qualité et de la précocité de la prise en charge thérapeutique et pédagogique, outre l'ampleur des troubles d'apprentissage et des éventuels troubles associés. La France accuse encore un retard certain pour aider tous les enfants concernés à surmonter leur handicap. Selon les cas, certains peuvent poursuivre avec succès une scolarité longue jusqu'à l'université, et d'autres, au contraire, ne parvenir qu'à une utilisation minimale de l'écrit, qui ne peut qu'entraver leur scolarité.

Au terme de ce chapitre, il faut souligner l'importance du développement intellectuel de l'enfant dans les multiples dimensions du langage et de la cognition, pour sa compréhension du monde, le développement de sa personnalité et de ses moyens d'expression. Pour les besoins de l'exposé, nous n'avons pas abordé ici les relations à autrui, que l'enfant développe également à travers le langage et sa fonction de communication, ni la dimension sociale de la cognition : compréhension des émotions, des désirs et des pensées d'autrui. Ce sera l'objet du chapitre suivant.

Chapitre 3

L'enfant et les relations à autrui

Nous avons vu comment, dès la petite enfance, l'être humain explore l'environnement physique et humain, à travers ses modalités sensorielles et ses activités perceptives. Examinons maintenant comment l'enfant tisse des liens avec ses partenaires humains. Trois aspects seront considérés : l'expression des émotions, le développement de l'attachement et la compréhension des pensées d'autrui ou « théorie de l'esprit ». On examinera enfin la diversité des milieux dans lesquels l'enfant se développe.

I. L'EXPRESSION DES ÉMOTIONS

1. L'émotion selon Wallon

L'étude des émotions doit beaucoup à Henri Wallon et à sa conception du développement global de la personne. L'auteur souligne le contraste entre l'incapacité du nourrisson à réaliser des actes nécessaires à sa survie et sa capacité précoce à manifester ses émotions, premiers signes de sa vie psychique. L'émotion est un fait physiologique (réaction musculaire, cri) et un fait social, car l'émotion du bébé devient celle de l'entourage, grâce aux réactions et interprétations qu'elle suscite : elle est le moyen de communication privilégié du tout-petit. Il s'élabore entre lui et sa mère un système de compréhension par gestes et mimiques. Mouvement et émotion sont fondamentalement liés et assurent le passage de l'activité motrice à l'expression d'états psychologiques. Les signaux émotionnels constituent un système d'expression précoce, dans un dialogue de type fusionnel qui permet au bébé de faire participer l'adulte à sa sensibilité, et les réponses de l'entourage vont contribuer à les diversifier. Les échanges émotionnels sont indispensables à la survie du bébé : leur absence peut entraver durablement le développement de l'enfant et son équilibre affectif, conduisant à ce que Spitz (1958) a appelé l'*hospitalisme* chez des enfants placés en institution et souffrant de graves carences affectives. Même avec le développement du langage, les émotions restent un moyen de communication : des capacités plus « élaborées » peuvent ponctuellement faire défaut, en situation stressante par exemple, et les émotions ressurgissent, comme premier mode de relation ; les émotions peuvent aussi être recherchées, dans des manifestations collectives, artistiques ou religieuses par exemple.

2. Les travaux actuels sur les émotions

Bien des travaux actuels sur les émotions ignorent les apports de Wallon et redécouvrent… des découvertes des années quarante. Ils confirment notamment que le développement des émotions est lié à la fois au développement cognitif et aux relations de l'enfant avec son entourage humain. L'émotion est un processus, déclenché par un événement (geste, rencontre, souvenir, etc.), qui fait l'objet d'une évaluation cognitive pas toujours consciente. La composante principale de l'émotion est le sentiment ou l'expérience subjective, qui peut s'accompagner de réactions physiologiques (modification du rythme cardiaque, du tonus musculaire, etc.), de mimiques, de gestes ou d'expressions vocales. Elle peut aussi se traduire par une tendance à l'action (exemple : la fuite, en cas de peur). L'expression d'une émotion entraîne des réactions de l'entourage, qui susciteront une nouvelle émotion : il s'agit d'un processus dynamique. Selon Izard (1977 ; Izard et Malatesta, 1987), les émotions ont une valeur adaptative. Dès la naissance, le bébé présente des émotions vitales, repérables à travers ses expressions faciales et qui agissent comme des signaux sociaux : tout d'abord le dégoût (en réaction à l'ingestion de substances amères, mais aussi à des stimulations désagréables) et la joie, sous forme de sourires. La colère et la surprise apparaissent entre 1 et 4 mois, la peur et la timidité vers 6 mois.

Henri Wallon (1879-1962)
Philosophe, psychologue et homme politique français

Agrégé de philosophie, il fait des études de médecine et devient neurologue. Il dirige un service de psychiatrie de l'enfant à la Salpêtrière et crée en 1922 le laboratoire de psychobiologie de l'enfant à Paris. En 1925, il publie sa thèse d'État, *L'Enfant turbulent.* Dès 1939, il enseigne au Collège de France, comme titulaire de la chaire de psychologie et éducation de l'enfant. En 1948, il crée la revue *Enfance*, qu'il dirigera jusqu'à sa mort. Marxiste convaincu, il s'engage dans la Résistance pendant la Seconde Guerre mondiale et devient membre du parti communiste, ce qui lui vaut d'être suspendu de ses fonctions au Collège de France par le régime de Vichy de 1941 à 1944. À la Libération, il devient secrétaire général à l'Éducation nationale, puis député de Paris. Il est coauteur, avec Paul Langevin, du « plan Langevin-Wallon », projet de réforme de l'enseignement, qui ne fut jamais réellement appliqué. On lui doit l'expérience des classes nouvelles dans les lycées et la création de la psychologie scolaire.

Selon Wallon, le développement est le produit des interactions entre facteurs biologiques et sociaux. Les comportements évoluent d'une origine biologique vers une signification psychologique, tels le mouvement ou les pleurs, qui, de simples décharges motrices, deviennent progressivement des éléments de communication avec l'entourage. Trois notions expliquent comment l'enfant passe progressivement de l'action sensori-motrice à la représentation : le mouvement, l'émotion et l'imitation. Son modèle décrit six stades de développement, conçus comme des états transitoires d'équilibre, et caractérisés par la prédominance de dimensions fonctionnelles différentes : 1. stade impulsif du nourrisson ; 2. stade émotionnel (de 6 mois à 1 an) ; 3. stade sensori-moteur et projectif (1-3 ans) ; 4. stade du personnalisme (3-6 ans) ; 5. stade catégoriel (6-11 ans) ; 6. stade de la puberté et de l'adolescence (après 11 ans). Les stades 1, 2, 4 et 6 sont marqués par le primat de l'affectivité sur l'intelligence ; les stades 3 et 5 par le primat de l'intelligence sur l'affectivité.

Son ouvrage de 1941 *L'Évolution psychologique de l'enfant* (réédité en 1968) constitue une bonne introduction à son œuvre. Deux autres livres de lui ont été réédités plusieurs fois : *Les Origines du caractère chez l'enfant* (1934) et *Les Origines de la pensée chez l'enfant* (1945). Parmi les ouvrages qui lui ont été consacrés, citons celui de J. Nadel et F. Best, *Wallon aujourd'hui* (Paris, Éditions du Scarabée, 1980).

Les premières expressions faciales de dégoût et de joie semblent surtout réflexes, d'autres peuvent paraître aléatoires, comme la colère, avec les froncements de sourcils et la bouche largement ouverte ; certaines sont rares, comme celles de la tristesse et de la peur. Pour Sroufe (1979), trois précurseurs des émotions se manifestent déjà chez le nouveau-né : peur, colère et joie. Les véritables émotions ne peuvent être ressenties par l'enfant que plus tard, vers la fin de la première année, en fonction de sa différenciation moi-autrui et de l'apprentissage, et il ne faut pas assimiler l'expression faciale à l'émotion elle-même. Mais le lien entre émotion, différenciation et apprentissage n'a pas été démontré.

Il existe une continuité des émotions au cours de la vie, même si elles sont provoquées par des causes différentes et si l'enfant développe des moyens nouveaux pour les exprimer. Elles se complexifient : aux émotions dites primaires de joie, dégoût, surprise, peur, tristesse et colère, s'ajoutent des émotions dites secondaires de fierté, honte, culpabilité, embarras, qui apparaissent au cours de la deuxième année, avec le développement du concept de soi et de la capacité de l'enfant à évaluer ses propres actions. Plusieurs auteurs considèrent qu'il s'agit d'émotions universelles, et pour certaines innées, dans la mesure où les expressions faciales correspondantes ont été reconnues dans des sociétés très différentes, en Europe, en Amérique, en Asie et dans des groupes traditionnels d'Océanie. Dès 4 ou 5 mois, les bébés peuvent différencier des expressions faciales de peur et de gaieté sur des photos de visages adultes. Ils sont également capables d'empathie, c'est-à-dire de partage des expériences émotives d'autrui. On peut même observer une certaine contagion émotive lorsque les nouveau-nés se mettent à pleurer en entendant leurs congénères pleurer (un grand classique dans les cliniques d'accouchement !) ; mais ils ne pleurent pas en entendant les pleurs d'un enfant plus âgé, celles d'un chimpanzé ou l'enregistrement de leurs propres pleurs ! Ceci ne signifie pas pour autant que les bébés font l'expérience d'émotions identiques à celles des enfants plus âgés ou des adultes. Dès les premières années, les enfants ont acquis l'essentiel de leur répertoire émotif ; les changements vont porter sur la diversité et la complexité des événements qui les suscitent.

Les premiers comportements de régulation des émotions sont d'ordre réflexe : sucer son pouce calme le nourrisson. Le développement moteur et cognitif permet des régulations plus complexes : détourner le regard pour éviter une stimulation désagréable, s'éloigner d'un inconnu qui s'approche de manière envahissante, etc. Mais la régulation des émotions est largement déterminée par les réactions de l'entourage, qui apaisent les réactions négatives ou les excitations fortes. L'expression des émotions est aussi socialisée : selon les groupes sociaux, certaines sont valorisées, d'autres non. Le développement cognitif et langagier contribue également à celui du répertoire émotionnel ; en retour, les émotions ont des effets sur la mémorisation des événements et le développement cognitif et langagier.

Puis les réactions primitives d'empathie laissent la place à d'autres modes de réaction, notamment des expressions de sympathie à l'égard d'autrui, et à divers comportements prosociaux, comme le fait pour un enfant de 2 ans d'offrir un jouet à un autre petit pour le consoler. Chez l'adulte aussi, on observe des contagions émotionnelles, dans les pleurs et les rires.

II. LE DÉVELOPPEMENT DE L'ATTACHEMENT

1. La construction de liens spécifiques

Au début, le bébé réagit aux caractéristiques les plus importantes des personnes qui l'entourent, quelles qu'elles soient. Vers 3 mois, il manifeste des réponses différentes selon les personnes et, de ce fait, il entraîne chez elles des comportements différents. Ces réactions révèlent l'établissement de liens affectifs spécifiques avec les personnes qui ont le plus d'échanges avec lui, et notamment la mère dans notre culture : c'est le début de l'attachement, qui se manifeste pleinement vers 6 mois et s'accentue jusqu'à 14 ou 18 mois. Il constitue une dimension fondamentale de la petite enfance. La qualité de ce lien contribue fortement au développement des compétences sociales et cognitives ultérieures de l'enfant, et conditionne son sentiment de sécurité pour explorer l'environnement. Il se manifeste physiquement, par la recherche et le maintien de la proximité, et l'utilisation d'un congénère comme base de sécurité.

2. Les théories classiques du tissage des liens

Plusieurs théories expliquent ce lien. La psychanalyse classique rend compte, avec Freud, du développement de l'enfant à partir de l'émergence des pulsions libidinales. Le bébé serait indifférencié de l'extérieur, et ses relations avec l'environnement, notamment avec sa mère, seraient fondées sur la satisfaction de ses besoins alimentaires. Dans ce premier stade, oral, l'activité sexuelle n'est pas séparée de l'ingestion des aliments. C'est la bouche qui apporte le plus de plaisir à l'enfant au cours de la première année : sucer, manger, mâcher, mordre ou embrasser permet de libérer les tensions sexuelles. Chaque stade privilégie une zone corporelle comme principale zone de satisfaction sexuelle de l'enfant : orale, anale, phallique. Selon la théorie de l'apprentissage social, développée par Bandura, l'attachement de l'enfant à sa mère est fondé sur le fait qu'elle satisfait ses besoins. Il apprend à rechercher son aide et à la manipuler : elle joue le rôle de renforçateur secondaire de ses besoins. Ces deux approches ont été réfutées par Bowlby dès 1958, dont la théorie de l'attachement s'est largement imposée dans le champ de la psychologie du développement.

3. La théorie de l'attachement de Bowlby

Selon Bowlby, psychanalyste anglais très influencé par l'éthologie, l'enfant naît avec le besoin de contact : c'est le besoin primaire, qui ne dérive d'aucun autre. Le comportement d'attachement exprime dans la petite enfance une fonction de protection ; il est aussi fondamental que le comportement alimentaire avec sa fonction de nutrition, et que le comportement sexuel avec sa fonction de reproduction. En 1958, sans concertation avec Bowlby, le psychophysiologique américain Harlow publie « The Nature of Love », article consacré aux liens affectifs mère-enfant chez les jeunes singes rhésus. Privés de leur mère, les petits s'attachent de préférence à une mère-substitut en chiffon qui procure un contact complet et agréable et ils s'attachent encore plus si elle est mobile, plutôt qu'à une mère-substitut allaitante, mais en fil de fer et au contact peu agréable. L'expérience prolongée avec la seconde entraîne des problèmes de développement. Bowlby, très intéressé par cette découverte, considéra dès lors que la tendance à s'attacher est chez l'enfant, comme chez le jeune animal, tout aussi nécessaire à la survie que le besoin de se nourrir.

4. Le développement de l'attachement

On distingue quatre phases dans le développement de l'attachement. *Au cours des trois premiers mois*, le bébé s'oriente vers l'autre et s'arrête de pleurer lorsqu'il entend une voix ou remarque un visage ; il produit des contacts d'attachement qui favorisent le rapprochement. Mais il ne manifeste pas de préférence pour une personne ou une autre. *De 3 à 6 mois*, il a toujours des comportements « amicaux » envers plusieurs partenaires, mais manifeste son attachement surtout à sa mère. Vient ensuite, *de 6 mois à 2 ans*, la phase au cours de laquelle se manifeste le plus fortement l'attachement réciproque entre l'enfant et sa mère ; il se rapproche d'elle ou la suit lorsqu'elle s'en va, et il lui fait fête lorsqu'elle revient. Elle est sa base de sécurité à partir de laquelle il explore le monde. Il se montre réservé, voire peureux avec les inconnus. *À partir de la troisième année*, l'enfant commence à comprendre quels comportements influencent ceux de l'adulte, et manifeste des habiletés à les modifier pour atteindre ses propres objectifs. Il développe une « théorie de l'esprit » (*cf. infra*).

À 2 ou 3 ans, la plupart des enfants n'ont pas un attachement exclusif à leur mère ; plusieurs adultes constituent une base de sécurité pour l'enfant, vers lesquels il se dirige pour être réconforté en cas de besoin. Il leur sourit et cherche le rapprochement, mais conserve un adulte préféré. Il accepte plus facilement de s'en éloigner ; c'est la période où il commence à maintenir efficacement le contact par le langage. Les comportements d'attachement changent et deviennent moins perceptibles, sauf lorsque l'enfant est fatigué ou malheureux. Les années suivantes, la nature de la relation aux parents change elle aussi ; l'enfant prend en compte leurs points de vue, il élargit ses perspectives sociales grâce aux amitiés qu'il construit avec d'autres enfants.

John Bowlby (1907-1990)
Médecin et psychiatre britannique

Après des études de médecine et de psychologie à Cambridge et à Londres, il entre à la Tavistock Clinic et au Tavistock Institute of Human Relations, où il exerce jusqu'en 1972. Compte tenu de son expérience pendant les années de guerre, l'Organisation mondiale de la santé (OMS) lui confie la responsabilité d'une étude sur les besoins des enfants orphelins. Praticien et chercheur, il exerça dans divers services de guidance infantile, préoccupé par la question de la séparation mère-enfant et de la carence des soins maternels, et il contribua à améliorer les méthodes de soins infantiles. Il fut président de la Société britannique de psychanalyse. En 1958, il développa sa théorie de l'attachement, comme besoin primaire, inné et indépendant des autres besoins physiologiques de l'enfant. L'attachement remplit essentiellement une fonction de protection. La mère n'est pas la seule figure de protection, et les modes de garde extrafamiliaux des jeunes enfants favorisent les attachements multiples. C'est grâce à ces interactions et ces relations privilégiées avec une figure d'attachement que l'enfant construit des « modèles opérationnels internes », c'est-à-dire des représentations du monde, de soi, et des figures d'attachement. Ils lui permettent de comprendre le monde et d'anticiper les événements.

Bowlby eut de nombreux échanges dans le cadre de l'OMS avec des chercheurs comme Piaget, Erikson, Zazzo et surtout Lorenz, spécialiste d'éthologie animale. La notion d'empreinte développée par Lorenz a influencé Bowlby : ce mécanisme inné permet au petit, dès sa naissance, de suivre le premier « objet » mobile rencontré, qui est en général l'animal qui l'a mis au monde. Le petit apprend ainsi à reconnaître les caractéristiques de ses congénères vers lesquels il va rechercher protection et orienter ses comportements sexuels. L'adulte remplit une double fonction, de protection et de modèle. La théorie de Bowlby est une illustration de l'intérêt de confronter des champs théoriques différents. Ses travaux furent ignorés en France jusqu'à ce que Zazzo publie le colloque épistolaire organisé en son honneur avec la participation d'autres chercheurs, dont quatre psychanalystes (Anzieu, Duyckaerts, Lebovici, Widlöcher) : colloque sur *L'Attachement* (Neuchâtel, Delachaux et Niestlé, 2e édition, 1979). L'œuvre majeure de Bowlby a été traduite en français sous le titre *Attachement et Perte* et publiée aux PUF en trois tomes entre 1969 et 1980.

5. Les différents types d'attachement

Ainsworth et Wittig (1969) ont dégagé différents types d'attachement à partir d'une technique d'observation appelée « situation étrange », suite d'épisodes en laboratoire : l'enfant est d'abord seul avec sa mère, puis une personne inconnue entre ; il est laissé seul pendant quelques minutes, puis sa mère revient. Selon les attitudes des enfants pendant ces épisodes, on peut évaluer la qualité de leur attachement, sécurisé ou perturbé (résistant ou ambivalent) :

– *attachement sécurisé* : l'enfant recherche le rapprochement et ne résiste pas au contact établi par sa mère. Il l'accueille de façon positive en la retrouvant après une absence et il peut être soulagé s'il est bouleversé. Il préfère nettement sa mère à la personne inconnue. L'attachement sécurisé caractérise la majorité des enfants ;
– *attachement résistant* : l'enfant évite le contact avec sa mère, surtout après une absence. Il ne résiste pas aux efforts de contact, mais ne le recherche pas lui-même. Il traite à peu près de la même manière sa mère et une personne inconnue ;
– *attachement ambivalent* : l'enfant est bouleversé lorsqu'on le sépare de sa mère et elle ne réussit pas à la réconforter en revenant. Selon le moment, il recherche ou évite le contact. Il peut manifester de la colère envers elle en la retrouvant. Il résiste aux efforts d'une personne inconnue pour le consoler et s'approcher de lui.

Depuis lors, cette catégorisation a été revue par différents chercheurs qui ont proposé des subdivisions à l'intérieur des groupes. Un quatrième groupe a été proposé pour rendre compte des conduites d'attachement désorganisées ou inclassables d'un petit nombre d'enfants.

6. L'évaluation de l'attachement

De nombreuses études actuelles sur l'attachement n'utilisent pas la « situation étrange » d'Ainsworth, mais lui préfèrent un questionnaire d'évaluation de la qualité de l'attachement mère-enfant, le Q-Sort d'attachement parental. Les concepteurs de cet outil (Waters et Deane, 1985 ; adaptation française de Pierrehumbert *et al.*, 1995*a*, 1995*b*) considèrent les parents comme des observateurs privilégiés des comportements d'attachement de leur enfant, et leur demandent de remplir eux-mêmes ce questionnaire. Il est aussi utilisé par des professionnels de la petite enfance. On attribue une note de vraisemblance aux 79 items de ce questionnaire, présentés sur des cartes. Deux temps de passation pour chaque figure d'attachement sont nécessaires, espacés d'une semaine pour permettre aux adultes interrogés d'observer l'enfant. Il s'agit finalement de répartir les cartes (items) en 9 piles allant du plus vrai au plus faux, en respectant un certain nombre d'items par pile. On peut ensuite calculer la corrélation entre la liste des scores attribués (de 9 pour « très vrai » à 1 pour les items les moins caractéristiques de l'enfant) et le prototype d'un enfant sécurisé défini par un groupe d'experts.

Des techniques narratives de type projectif sont également utilisées, en demandant aux enfants de compléter des petites histoires.

7. Le type d'attachement, ses déterminants et ses conséquences

Selon Ainsworth, il existe un lien entre la sensibilité de la mère aux signaux de son enfant pendant les premiers mois et la qualité de l'attachement de ce dernier vers 1 an. Plusieurs éléments déterminent un attachement sécurisé : la sensibilité de la mère aux signaux émis par l'enfant, leur interprétation correcte et le fait de leur apporter des réponses appropriées ; une capacité de contrôle et de compromis dans les relations avec l'enfant. La plupart des enfants ont un attachement du même type avec leurs deux parents. Mais certains ont un attachement sécurisé avec l'un, et résistant ou ambivalent avec l'autre. On a également observé des liens entre un attachement sécurisé de l'enfant à ses parents et ses relations positives avec ses pairs ; les autres types d'attachement sont plus souvent associés à des difficultés dans les relations sociales (passivité, agressivité ou retrait, anxiété, grande dépendance à l'égard des adultes). Mais il arrive que des relations positives avec les autres enfants compensent un attachement peu sécurisé avec les parents. Les recherches actuelles visent à spécifier les conduites d'attachement, de même que les relations entre la qualité de l'attachement et les activités d'exploration du monde physique et humain par l'enfant : résolution de problème, jeux, relations sociales, réussite scolaire.

III. COMPRENDRE LES PENSÉES D'AUTRUI : LA THÉORIE DE L'ESPRIT

Comment l'enfant découvre-t-il qu'une autre personne a des désirs, des sentiments, des savoirs différents des siens ? Comment développe-t-il une « théorie de l'esprit » ? Cette notion a été utilisée pour la première fois par Premack et Woodruff (1978) dans leur article « Les chimpanzés ont-ils une théorie de l'esprit ? ». Depuis lors, elle a donné lieu à de nombreux travaux, notamment en psychologie de l'enfant, et elle est devenue une question essentielle de l'étude du développement social.

1. Les précurseurs de la théorie de l'esprit

Dans les premiers mois, les échanges parents-enfants dépendent surtout de la capacité des adultes à comprendre les états, les intentions et les désirs de leur enfant. Vers 6 mois, apparaît une certaine réciprocité, au cours des jeux ritualisés (coucou, la petite bête qui monte, etc.) dans lesquels un comportement du parent entraîne une réponse de l'enfant qui entraîne un effet en retour, etc. Le bébé commence à anticiper certains comportements de l'adulte : à 6 mois, il tend les bras lorsque celui-ci produit certains signaux indiquant qu'il va le prendre ; à 8 mois, il prend l'initiative pour être saisi dans les bras. À 1 an, il suit la ligne du regard de sa mère pour regarder le même objet qu'elle et il tend la main vers un objet trop éloigné, geste interprété par l'adulte comme une demande ; ensuite, cette tentative pour attraper devient un geste de pointage à destination de l'adulte, et montrer du doigt signifie « Donne-moi cet objet ! », puis « Comment s'appelle cet objet ? ». L'enfant est alors à l'initiative de l'interaction pour capter l'attention de l'adulte.

Avant 2 ans, les enfants sont capables de décoder la signification d'expressions faciales, en relation avec des désirs : face à un adulte qui manifeste du dégoût ou du désir pour des aliments, des enfants de 18 mois offrent celui qui correspond à l'affect positif lorsque l'adulte demande à manger (Poulin-Dubois, 1999). Ceci indique une certaine compréhension du rôle des états mentaux dans les comportements.

Entre 1 et 2 ans, un enfant peut orienter un objet pour que l'adulte le voit, mais le cacher de la vue de l'adulte avec une petite planche est plus tardif, comme l'a montré Flavell et son équipe (1977), et la moitié des enfants de 2 ans et demi n'y parvient pas. Même à 3 ans, ils ont des difficultés à jouer correctement à cache-cache : ils laissent une partie d'eux-mêmes visible ou ils se cachent toujours au même endroit. Tenir compte du point de vue d'autrui pour se cacher entièrement ou le faire à un endroit où l'on ne pensera pas à vous chercher n'est guère réalisé avant 4 ou 5 ans. Un enfant a des difficultés de même ordre pour comprendre qu'un objet posé sur une table n'apparaît pas sous le même angle pour lui et un expérimentateur de l'autre côté de la table.

Vers 3 ans, les enfants jouent et communiquent en tenant compte du point de vue d'autrui, mais cette compréhension est limitée à une réalité immédiate. Comme le souligne Thommen (2001), un enfant de 3 ans peut répondre au téléphone en mimant ce qu'il vient de faire, ou courir vers la porte lorsque sa mère lui annonce, depuis son lieu de travail, qu'elle revient tout de suite ! Ainsi, montrer ou cacher à autrui, comprendre ce qu'il voit ou ne voit pas, se représenter la représentation d'autrui est l'objet d'un lent développement.

2. Les premières expressions des états mentaux

On a étudié la compréhension des verbes mentaux (vouloir, savoir, croire) avec des poupées (ou d'autres personnages) qui doivent retrouver un objet caché ; celle qui cherche sait ou ne sait pas où est caché l'objet, et elle le retrouve ou ne le retrouve pas ; une poupée peut savoir et avoir oublié, une autre ne pas savoir et deviner. Avant 4 ans, les enfants ne parviennent pas à déterminer l'état mental de la poupée, alors que ceux de 7 ans réussissent ; les plus jeunes considèrent que la poupée qui sait trouve et que celle qui ne trouve pas ne sait pas. L'utilisation des verbes mentaux ne signifie pas que l'enfant maîtrise les concepts sous-jacents.

3. L'attribution des désirs et des croyances

Comment comprendre les actions d'autrui en fonction de ce qu'on sait de ses désirs ou de ses croyances ? Wellman (1990 ; Wellman *et al.*, 1990) demande à des enfants de prédire les actions d'un personnage à partir de petites histoires comme celle de Johnny qui veut trouver son chien. L'animal peut être dans la maison ou dans le garage ; Johnny le cherche dans le garage et le trouve. On demande à l'enfant ce que ressent Johnny : « Est-il content ou fâché ? » Plusieurs variantes sont proposées, selon que le personnage trouve ou non l'objet (ici le chien) dans le lieu où il le cherche. Dans une deuxième histoire, on raconte que Johnny cherche son chien pour aller se promener avec lui dans le parc ; lorsqu'il l'a trouvé, on demande à l'enfant : « Va-t-il aller dans la maison ou dans le parc ? » Entre 2 ans et demi et 3 ans, les enfants tiennent compte des désirs et attribuent correctement les émotions et les actions au personnage. Dans une troisième histoire, on demande où le chien de Johnny doit se trouver (dans la maison ou dans le garage ?) ; si l'enfant répond « Dans la maison », on lui dit « Johnny pense que son chien est dans le garage. Où Johnny va-t-il le chercher ? » Cette situation est plus complexe, puisqu'elle met en concurrence deux états de croyance, mais les enfants répondent correctement vers 3 ans et demi.

L'attribution de croyances a été souvent étudiée en utilisant des situations expérimentales comme celle de Wimmer et Perner (1983) : devant l'enfant, une poupée place un objet dans une boîte, puis l'objet est transféré dans une autre boîte en l'absence de la poupée ; l'enfant doit dire ensuite dans quelle boîte la poupée va chercher l'objet. Dans une autre situation, on présente à l'enfant une boîte de Smarties et on lui demande ce qu'elle contient ; puis on lui montre qu'elle contient autre chose que ce qu'il attendait et on lui demande ce qu'un autre enfant pensera qu'il y a dans la boîte (les bonbons attendus ou la surprise ?). Pour répondre correctement, l'enfant doit attribuer à la poupée ou à l'autre enfant la fausse croyance, différente de la sienne puisqu'il a vu ce qui s'est passé. À 3 ou 4 ans, la plupart des enfants échouent, et il faut attendre 5 ou 6 ans pour voir une majorité de réussites. Plusieurs recherches ont mis en évidence qu'il ne s'agit pas d'un problème de mémorisation (en montrant à l'enfant des photos des différentes actions réalisées) et que la difficulté est la même, quelle que soit la personne à qui attribuer la fausse croyance (un compère, l'enfant lui-même, un personnage ou une poupée).

4. La compréhension des savoirs et des pensées

À 5 ans, les enfants ont construit une première théorie de l'esprit selon laquelle les personnes agissent en fonction de ce qu'elles croient et non en fonction de la réalité. Pour autant, ils ne maîtrisent pas encore la diversité des modalités d'expression des états mentaux. Bassano et Champaud (1983) ont étudié la compréhension de quelques-unes de ces modalités par les enfants de 6 à 11 ans, en leur proposant sur une table 6 poupées différenciées par la couleur de leur ceinture, avec une boîte devant chacune d'elle ; 6 situations différentes sont créées, selon que : la boîte devant la poupée est ouverte ou fermée, la boîte contient une bille ou n'en contient pas, la poupée a les yeux bandés ou pas. L'énoncé « Je sais que j'ai une bille » ne peut être dit que par la poupée qui voit une bille dans sa boîte ouverte, alors que l'énoncé « Je sais que je n'ai pas de bille » ne peut être dit que pour la poupée qui voit sa boîte ouverte et vide. Les 4 autres poupées sont dans des situations d'ignorance ou d'incertitude, parce qu'elles ont les yeux bandés, parce que leur boîte est fermée, ou pour les deux raisons à la fois ; toutes, elles peuvent dire : « Je crois que j'ai une bille », « Je crois que je n'ai pas de bille », « Je ne sais pas si j'ai une bille ». On demande aux enfants de désigner la poupée qui peut dire tel ou tel énoncé et de justifier leurs choix. Si les enfants ont compris, la réponse attendue est que les 4 poupées en situation d'incertitude peuvent répondre en utilisant « croire ». À 6 ans, les enfants échouent, alors qu'à 8 ans, plus de la moitié réussit. Les enfants de 6 ans et quelques-uns de 8 ans répondent en fonction de la réalité (les poupées qui croient avoir une bille sont celles qui en ont effectivement une, qu'elles puissent le savoir ou non). D'autres enfants confondent « croire » et « savoir » et n'attribuent l'énoncé qu'à la poupée qui peut effectivement savoir qu'elle a une bille. Quelques enfants de 11 ans n'attribuent pas l'énoncé à la poupée qui a les yeux fermés et la boîte fermée, et ils considèrent qu'elle ne peut pas du tout savoir. Pour la modalité « savoir », tous les enfants réussissent à attribuer l'énoncé « Je sais que j'ai une bille » à la seule poupée qui peut le prononcer ; en revanche, l'énoncé « Je sais que je n'ai pas de bille » leur pose davantage de problèmes. Quelques enfants de 8 ans font encore des erreurs, mais tous ceux de 11 ans réussissent.

D'autres aspects de la théorie de l'esprit ont également été étudiés (*cf.* Thommen, 2001, pour une revue de question). Il en est ainsi des croyances de second ordre, en demandant aux enfants ce que quelqu'un pense à propos de la pensée de l'autre : où John va-t-il chercher Mary, alors que Mary sait que le marchand de glaces est près de l'église, que John le sait aussi, mais qu'il ne sait pas qu'elle le sait (il croit qu'elle croit que le marchand de glaces est dans le parc). Selon les modalités de la tâche proposée, les enfants réussissent entre 6 et 9 ans. Ont également été étudiées la distinction entre mensonge et plaisanterie, entre mensonge et fausse croyance, l'attribution de responsabilité et d'intentionnalité. Entre 5 et 8 ans, les enfants arrivent à se décentrer et à se mettre à la place d'autrui, à maîtriser la relation entre causes et conséquences des actions, à analyser les relations causales et intentionnelles et la réciprocité des relations. Mais il leur est encore difficile de considérer que les mêmes conduites peuvent provenir de causes différentes. Vers 12 ans, ils commencent à analyser les actions d'une personne en fonction des circonstances, de sa personnalité et des relations qu'elle entretient avec autrui (*cf.* chap. 4, « Le raisonnement moral », p. 92-93).

5. L'enfant autiste et les difficultés de compréhension d'autrui

L'autisme est un trouble envahissant et rare (1 à 5 pour 10 000 enfants) du développement du système nerveux central. Il affecte l'ensemble du développement dès la petite enfance et entraîne des perturbations profondes dans l'interaction sociale, la communication verbale et non verbale et le jeu symbolique, ainsi qu'un répertoire restreint d'activités et d'intérêts et des comportements obsessionnels et ritualisés (définition internationale d'après les critères du DSM-IV, *Manuel diagnostique et statistique des troubles mentaux*). Il existe une activité cérébrale différente chez les autistes par rapport aux autres personnes : des déficits sont repérés au niveau de plusieurs structures du cortex cérébral, sans qu'on puisse encore définir précisément les déficiences biologiques à l'origine de l'autisme. Les enfants autistes ont des difficultés dans la construction de la théorie de l'esprit. Baron-Cohen (1999) propose un modèle comportant quatre mécanismes pour la lecture mentale, qui reflètent quatre « propriétés du monde » : la volition, la perception, l'attention partagée et les états épistémiques. ID (*Intentionality Detector*, détecteur d'intentionnalité) est un dispositif perceptif qui interprète les stimuli en mouvement en termes de volition (de type but et désir) ; ID serait intact chez les autistes, capables d'utiliser le mot « vouloir », d'identifier des désirs et des buts et de comprendre que les désirs peuvent susciter des émotions. EDD (*Eye Direction Detector*, détection de direction du regard) fonctionne sur une base uniquement visuelle, contrairement à ID. Il détecte la présence des yeux, il évalue la direction du regard et il infère de sa propre expérience que, si un autre organisme a les yeux dirigés vers un objet, il voit cet objet. EDD serait également intact chez les autistes. SAM (*Shared Attention Mechanism*, mécanisme d'attention conjointe) construit une représentation triadique qui permet de spécifier que soi et un autre organisme sont attentifs au même objet. Plusieurs recherches montrent un déficit massif du fonctionnement de SAM chez les enfants autistes : ils ne cherchent pas à contrôler le regard des autres, ni à diriger leur attention visuelle par un geste de pointage. Selon Baron-Cohen, ce n'est pas un simple déficit de l'attention visuelle conjointe, mais un problème plus central, quelle que soit la modalité sensorielle. Les enfants autistes peuvent pointer vers un objet ou amener quelqu'un vers un objet et poser sa main dessus, mais seulement lorsqu'ils veulent que la personne manipule l'objet ou le leur donne. Le même type de difficulté touche aussi l'attention auditive conjointe : les enfants autistes parlent souvent trop fort ou trop bas, ou sans intonation, comme s'ils avaient des difficultés à considérer autrui en tant qu'auditeur intéressé. TOMM (*Theory Of Mind Mechanism*, mécanisme de la théorie de l'esprit) permet d'inférer l'ensemble des états mentaux à partir des comportements : faire semblant, penser, croire, rêver, tromper, etc. Il est dépendant du précédent et l'on comprend qu'il soit déficient chez les autistes, puisque SAM l'est aussi. Si le modèle proposé par Baron-Cohen reste hypothétique, il montre toutefois que les déficits sont localisés et que les autistes ne sont pas totalement dépourvus d'une théorie de l'esprit. Selon l'auteur, ce modèle permet un diagnostic précoce de l'autisme, dès 18 mois. Chez des enfants de 18 mois ayant un proche autiste et donc un risque génétique plus élevé de développer l'autisme, ceux qui étaient dépourvus de capacité d'attention conjointe étaient des autistes non encore diagnostiqués ; de même, dans une étude plus extensive (16 000 enfants du sud-est de l'Angleterre), 17 enfants ayant une absence de SAM ont été, pour la plupart, diagnostiqués ultérieurement comme autistes. L'analyse précoce des difficultés des enfants permet une prise en charge plus efficace, voire une compensation de leurs difficultés de communication, selon les autres anomalies cognitives présentes par ailleurs.

IV. L'ENFANT ET LES AUTRES : ADULTES ET ENFANTS

La famille est le premier lieu de socialisation de l'enfant, comme le soulignait Wallon. La psychologie s'est beaucoup centrée sur les relations mère-enfant, laissant au second plan les autres partenaires que sont le père, la fratrie lorsqu'elle existe, les adultes proches et les autres enfants. Le milieu de vie s'élargit aussi à un milieu virtuel, celui de la télévision et de l'univers multimédia en général. Si l'on considère que l'enfant est, au moins partiellement, le produit d'une culture, même si celle-ci n'est pas le seul déterminant de son développement, loin de là, il importe d'examiner comment il se construit dans ses différents milieux de vie.

1. L'enfant et le milieu familial

Wallon (1959) définit le milieu comme l'ensemble des circonstances physiques, humaines et idéologiques rencontrées simultanément, les rapports entre milieu et individu étant conçus comme des transformations mutuelles. Le milieu ne se réduit donc pas aux caractéristiques socio-économiques de la famille, et d'autres éléments doivent être considérés pour leurs incidences sur le développement : niveau d'études de la mère, travail et horaires des parents, qualité du logement et environnement du quartier, etc. On sait par exemple que le contact avec les livres stimule le développement langagier et que certains jouets développent la motricité : ceci n'est pas statistiquement indépendant du revenu familial, ni du niveau d'études de la mère, deux caractéristiques du milieu qui jouent ainsi un rôle indirect sur le développement de l'enfant. Lautrey (1980) a montré également comment certaines pratiques éducatives, dites souples, sont plus efficaces que d'autres qualifiées de rigides ou d'aléatoires, pour favoriser le développement cognitif des enfants ; ces pratiques et les régularités de l'environnement familial ne se répartissent pas également dans les différentes classes sociales. Plus récemment, d'autres auteurs (Kellerhalls et Montandon, 1991) ont examiné les relations entre style éducatif parental et compétences sociales de l'enfant, en distinguant trois styles éducatifs :

– les parents « contractualisés » donnent beaucoup d'importance à l'autonomie de l'enfant, et les rôles du père et de la mère sont peu différenciés ;
– les parents « statutaires », dont les rôles sont très différenciés, avec une relative absence du père, insistent sur l'obéissance, voire la soumission, et tentent de limiter les influences extérieures, y compris celle de l'école ;
– dans le style « maternaliste », on favorise l'obéissance, mais aussi la communication, on limite les influences extérieures et les rôles sont différenciés, mais avec des parents très présents.

Différentes formes de cohésion familiale correspondent à ces styles éducatifs, en relation avec la position sociale du groupe d'appartenance : les familles « bastion », avec une tendance au repli sur soi, sont plus fréquentes dans les milieux sociaux défavorisés, tandis que les familles « association », favorisant l'autonomie des membres et l'ouverture sur l'extérieur, se trouvent davantage dans les milieux sociaux aisés.

Le milieu ne se réduit pas à la famille, puisque les enfants vivent dans plusieurs milieux emboîtés ou séparés, selon les cas : famille, école, groupe de copains ou bande, quartier, appartenance éventuelle à un groupe minoritaire pour les enfants issus de l'immigration ou de minorités ethniques. La notion de famille est elle-même variable, selon que l'enfant vit avec ses deux parents réunis, seulement avec l'un des deux ou alternativement avec chacun, y compris dans les familles recomposées (ces familles recomposées ne sont pas une nouveauté du XXe siècle : elles étaient fréquentes aux XVIIe et XVIIIe siècles pour d'autres raisons : espérance de vie réduite des adultes, veuvages et remariages fréquents, et il n'était pas rare de voir élevés ensemble les enfants de deux, voire de trois lits), comme enfant unique ou dans une fratrie, avec frères et sœurs ou demi-frères et demi-sœurs. Les modèles de structures familiales varient avec le temps, selon les lieux géographiques, et induisent différents modèles de socialisation : dans les sociétés traditionnelles, on privilégie l'affiliation au groupe et le maintien de la cohésion sociale ; les sociétés « modernes » favorisent davantage l'autonomie et l'individualité (Guidetti, Lallemand et Morel, 1997). Dans une approche qualifiée d'écologique, et voisine de celle de Wallon, Bronfenbrenner (1979) considère le développement comme l'accommodation mutuelle et progressive de l'organisme humain à un environnement constitué de structures imbriquées. Le microsystème correspond aux interactions de deux éléments d'un contexte immédiat (par exemple les interactions mère-enfant). Le mésosystème implique plus de deux contextes où évolue l'enfant et correspond à un réseau de relations entre plusieurs lieux de vie (par exemple les liens entre les parents et l'école, ou entre l'école et le centre de loisirs). L'exosystème renvoie aux liens entre plusieurs systèmes dans lesquels l'enfant n'évolue pas lui-même (par exemple les conditions de travail de ses parents, ou les aspirations professionnelles de ses enseignants). Le macrosystème se réfère au système de croyances et de valeurs et aux pratiques qui agissent sur les autres systèmes, ce qu'on pourrait résumer par la culture. Se représenter le milieu comme exerçant une influence à sens unique sur un enfant qui la recevrait passivement est une idée fausse : dans les interactions mère-enfant, l'enfant stimule certains modes de communication chez sa mère par son comportement plus ou moins actif ; il peut aussi introduire dans sa famille de nouvelles pratiques de loisirs découvertes ailleurs, etc.

2. Au-delà de la famille

Très tôt, les enfants tissent des liens, dont certains peuvent perdurer longtemps, avec des personnes extérieures au cercle familial. Plus ils grandissent, plus ils développent un réseau relationnel indépendant de celui des parents : ils ont des liens avec les parents de leurs camarades, sans que les parents respectifs entretiennent des relations entre eux, ils développent des liens avec d'autres adultes en fonction de leurs activités, notamment à l'adolescence (animateurs, enseignants, commerçants, etc.). Dans l'enfance, les relations au sein du groupe des pairs sont privilégiées. À 2 ou 3 ans, l'enfant construit des relations d'alternance et de réciprocité avec les pairs et tient compte du point de vue d'autrui. La fréquence et la diversité des interactions augmentent avec l'âge, et le réseau d'amitiés s'agrandit, celui des garçons étant souvent plus grand que celui des filles, qui privilégient les relations deux à deux. Les jeux sont différents entre garçons et filles, en partie en lien avec l'environnement physique créé par les parents dès la naissance et leurs attitudes éducatives différenciées. L'écart augmente avec l'âge, parallèlement aux jugements stéréotypés qui se développent sur l'autre sexe et contribuent à renforcer le sentiment d'identité personnelle : les filles jugent les garçons agressifs et brutaux, et ces derniers déplorent leur incapacité à jouer à certains de leurs jeux (Cartron et Winnykamen, 1995). Si l'on naît fille ou garçon (à de rares anomalies génétiques près), on devient psychologiquement garçon ou fille par un lent processus de différenciation. Dans une synthèse sur cette question, Le Maner-Idrissi (1997) distingue trois identités : sexuelle, de genre et sexuée. L'identité sexuelle résulte de la conviction d'être garçon ou fille, de l'adoption des comportements culturels propres aux garçons et aux filles et du choix du partenaire sexuel, masculin ou féminin. L'identité de genre fait référence aux composantes sociales et psychologiques perçues comme appropriées aux personnes de sexe masculin ou féminin. L'identité sexuée correspond à l'articulation entre la dimension biologique (il existe deux sexes) et la dimension psychologique (l'appartenance à un sexe implique l'adhésion à ses caractéristiques définies culturellement). On voit qu'il existe des chevauchements entre ces trois aspects et que se construire comme fille ou garçon comporte de nombreuses interactions entre les dimensions biologiques (caractéristiques physiologiques), sociales (représentations collectives et pratiques éducatives selon les sexes) et personnelles (représentation de soi et comportements). Vers 2 ou 3 ans, les enfants connaissent leur identité de genre et peuvent se mettre en colère si on les identifie à un sexe différent du leur (dire à un garçon qu'il est une fille, ou l'inverse). Il faut attendre 6 ou 7 ans pour que l'enfant ait la certitude du caractère définitif de l'appartenance à un sexe ou un autre : à 3 ou 4 ans, des enfants pensent qu'ils deviendront une maman alors qu'ils se savent garçon, et inversement pour les filles ; à 5 ou 6 ans, ils pensent qu'un personnage nettement identifié comme fille ou garçon peut changer de genre si son apparence change (coiffure, habillement) ou s'il le souhaite. L'adolescence constituera une nouvelle étape importante de ce développement, en relation avec l'accès à la sexualité génitale et l'évolution de la construction de l'identité en général (*cf.* chap. 4).

3. L'univers multimédia

La majorité des enfants passe plusieurs heures par jour devant la *télévision*. Au-delà des prises de positions idéologiques, pour et surtout contre la télévision, plusieurs études ont étudié son impact sur le développement. Une première évidence est que plus les enfants regardent la télévision, moins ils jouent… Mais la nature des émissions semble avoir une incidence sur le jeu symbolique : il serait favorisé par les émissions éducatives et réduit par les émissions violentes, les émissions non violentes n'ayant pas d'influence. À 6 ou 7 ans, les enfants sont capables de différencier les rôles sociaux (métiers) vus à la télévision et ceux de la vie réelle, mais plus l'exposition aux images télévisuelles est forte, plus ils ont tendance à considérer qu'elles correspondent à la vie réelle. La question de la violence est régulièrement sous les feux de l'actualité : il semble que les comportements agressifs ne soient pas plus fréquents après avoir visionné des programmes violents que des programmes non violents, mais il s'avère que les enfants souffrant de troubles émotionnels et comportementaux sont des téléspectateurs plus assidus, qu'ils préfèrent les personnages agressifs, et confondent plus souvent réalité et fiction (Gadow et Sprafkin, 1993). Lurçat (1984) a réalisé plusieurs études sur les attitudes télévisuelles des jeunes enfants pour tenter de comprendre les représentations qu'ils se font des émissions. Elle remarque qu'ils en restent souvent aux apparences, sans raccorder nécessairement ce qu'ils regardent à une réalité extérieure, mais aussi qu'ils s'imprègnent de la situation télévisuelle pour recréer un autre univers, que ce soit à partir d'émissions fantastiques ou réalistes. Elle propose une éducation de l'enfant téléspectateur avec deux types d'activités : des activités expressives pour favoriser la liquidation des tensions psychiques accumulées pendant la réception des programmes ; des activités mettant en jeu la représentation (analyses, descriptions, etc.). « En amenant ainsi l'enfant à prendre une distance, on pourrait favoriser un détachement à l'égard de modèles trop envahissants. Les effets pourraient être alors de limiter la prégnance télévisuelle sur l'affectivité et sur les attitudes » (Lurçat, 1984, p. 16). L'effet de la télévision sur le développement psychologique des enfants est loin d'être simple à étudier, car de multiples facteurs interviennent : temps passé, type et durée des programmes regardés, discussion ou absence de discussion avec la famille (les postes de télévision dans les chambres d'enfant contribuent à un certain isolement), place de la télévision parmi l'ensemble des loisirs familiaux et des activités partagées entre enfants et adultes, etc.

L'influence des *jeux vidéo* est encore assez peu étudiée. On sait que les garçons y jouent plus que les filles. Si leur pratique intensive peut contribuer à un isolement de l'enfant par rapport au monde réel, ces jeux présentent aussi quelques intérêts, dont il serait intéressant de mesurer l'impact sur le développement psychologique. D'une part, ils permettent aux enfants de se confronter à des problèmes difficiles et à des échecs qu'il faut savoir dépasser, en recommençant sans se décourager. On n'arrive pas du premier coup à sauver la princesse des affreux monstres qu'il faut trucider au passage tout en évitant les chausse-trappes du marais hanté et les salles de torture, ni à gagner la compétition automobile sur un circuit de Formule 1 sans avoir pris en compte le choix des pneus, la quantité de carburant nécessaire pour la course et les atouts des adversaires. D'autre part, ils favorisent les échanges de savoirs entre enfants qui disposent du même jeu : on se téléphone ou l'on discute pendant la récréation pour se communiquer les solutions permettant de dépasser un certain niveau de difficulté.

Télévision et jeux vidéo font partie de la culture des enfants dans nos sociétés occidentales, de même que les *ordinateurs*, inégalement accessibles aux familles mais largement utilisés en milieu scolaire. Trop souvent, les adultes s'en méfient ou laissent faire, pour s'étonner ensuite des problèmes que leur utilisation intensive peut générer. C'est oublier que les enfants se construisent, pour une large part, dans les interactions et la communication avec les autres, à travers des activités partagées et commentées. Laisser l'enfant devenir de plus en plus autonome lorsqu'il grandit ne signifie pas l'abandonner à des activités solitaires en dehors de la vie réelle, même s'il a besoin, pour devenir grand, de se construire un univers personnel indépendant des aspirations et des activités de ses parents.

Chapitre 4

L'adolescence

Qu'est-ce que l'adolescence ? Nous avons souligné combien sa fin est difficile à cerner. Classiquement, on considérait qu'elle commençait avec la puberté, mais on observe de grandes différences interindividuelles dans l'âge et la durée de ces transformations : modifications hormonales, poussée de croissance staturo-pondérale, apparition des premières règles chez les filles et des premières éjaculations chez les garçons.

I. L'ADOLESCENCE PHYSIOLOGIQUE, PSYCHOLOGIQUE ET SOCIALE

Selon qu'elle est précoce ou tardive (entre 10 et 17 ans), la puberté n'a pas les mêmes implications du point de vue de l'image de soi ou du statut social. Mais définitions physiologique et psychologique de l'adolescence ne se recouvrent pas : les transformations physiologiques et les modifications dans le développement cognitif ou social ne sont pas forcément simultanées (avoir ses premières règles ne garantit pas l'accès à la pensée formelle ou un détachement de l'influence familiale !).

Par ailleurs, le développement de l'adolescent est aussi tributaire de la conception que la société se donne de l'adolescence. Il existe des sociétés dans lesquelles cette étape est marquée par des rites initiatiques importants, souvent à connotation religieuse (circoncision, épreuves diverses plus ou moins violentes), ou par la séparation sociale (séparation des sexes ou isolement de la famille, les adolescents dormant chez un oncle ou une tante) : ils marquent la sortie de l'enfance et l'entrée dans l'âge adulte. Dans nos sociétés occidentales, les rites de passage socialement organisés se sont estompés avec le temps, en relation avec une pratique religieuse moins fréquente (communion solennelle, bar-mitzvah, etc.), l'abandon du service militaire obligatoire dans plusieurs pays, des conditions économiques nouvelles depuis le XIXe siècle (école obligatoire, allongement de la scolarisation et entrée plus tardive dans la vie professionnelle). Mais d'autres rites se sont souvent substitués, choisis par les adolescents eux-mêmes, avec des choix vestimentaires ou musicaux spécifiques, voire des marquages corporels (tatouages, piercing). On peut aussi considérer que l'allongement de la scolarité est une forme d'isolement des adolescents et que la semaine scolaire qu'on leur impose (largement au-dessus des 35 heures en France et d'autant plus lourde que la formation est élitiste) s'est substituée à la violence initiatique… S'ajoute à cela le fantasme de l'adolescence interminable (Anatrella, 1988), avec, pour certains, le refus de quitter le domicile familial ou la difficulté à trouver du travail.

L'adolescence a été un thème récurrent dans la littérature, mais elle n'a pas bonne presse dans notre société : souvent associée aux notions de violence (après les « blousons noirs », nous avons aujourd'hui les « jeunes des banlieues »), de conflit au sein de la famille ou dans l'institution scolaire, et à la pathologie (crise adolescente, passage à l'acte, conduites déviantes, anorexie, dépression, etc.). Souvent considéré comme un malade en puissance par certains psychiatres et des parents inquiets, l'adolescent a été moins étudié par les psychologues que l'enfant et que le bébé. La crise adolescente est une notion remise en cause aujourd'hui par les psychologues qui fondent leurs analyses sur les adolescents tout-venant, par enquête dans les collèges et les lycées, contrairement aux psychanalystes qui travaillent sur des études de cas de patients venus consulter, et donc non représentatifs de la population d'ensemble.

L'adolescence est une étape riche en changements et en acquisitions, qui se succèdent ou se chevauchent, dans tous les domaines : cognitif, social et affectif. Le début de l'adolescence (entre 11 et 17 ans) correspond à des changements importants et à de nouvelles expériences physiques, intellectuelles et sociales. Certains auteurs établissent un parallèle entre cette période et celle de la fin de la petite enfance, vers 2 ans : besoin d'indépendance, négativisme et opposition aux parents, égocentrisme, mais aussi nouvelles habiletés sociales et cognitives ; besoin d'autonomie, mais recherche des parents comme base de sécurité à partir de laquelle on explore le monde. Comme les tout-petits, les adolescents qui ont le plus confiance en eux et qui réussissent le mieux sont ceux dont les parents arrivent à maintenir l'équilibre difficile entre une présence sécurisante et le respect du besoin d'indépendance. La fin de l'adolescence apparaît comme une étape de consolidation, de nouvel équilibre après les changements de la première période, d'engagement dans de nouveaux rôles et de nouvelles relations.

II. LE DÉVELOPPEMENT COGNITIF

Le développement cognitif atteint à l'adolescence un nouveau degré de raisonnement, sans avoir besoin, comme dans l'étape précédente, de support concret pour s'exercer. L'adolescent s'attache à la forme de son raisonnement, indépendamment du contenu sur lequel il s'exerce. Examinons les évolutions dans trois domaines : les opérations formelles, le langage, le développement moral.

1. Les opérations formelles

C'est l'émergence de la *pensée hypothético-déductive* : l'adolescent élabore des hypothèses et les met à l'épreuve pour les vérifier de manière systématique. Dans l'expérience du pendule, Piaget proposait aux adolescents plusieurs cordes de longueurs différentes et des objets de poids variés qui, attachés à une corde, pouvaient faire un pendule. Après avoir mis ce dernier en mouvement, ils devaient trouver quel facteur ou quelle combinaison de facteurs explique sa vitesse d'oscillation : la longueur de la corde, le poids de l'objet, la hauteur de départ de l'objet ou la force de l'impulsion (si, après expérimentation, vous avez répondu « la longueur de la corde », vous avez probablement atteint le stade des opérations formelles. Sinon… vous êtes peut-être encore en pleine adolescence !). Devant ce problème, un enfant au stade des opérations concrètes procède par essais et erreurs, en faisant varier à la fois la hauteur de la corde et les poids des objets, ce qui l'empêche d'arriver à la solution exacte. Un adolescent ayant atteint la période des opérations formelles procède de manière plus systématique et tente de vérifier le rôle d'un seul facteur à la fois, par exemple en maintenant le poids constant lorsqu'il fait varier la longueur de la corde.

La *logique des propositions* apparaît aussi : l'adolescent peut combiner des propositions selon leur vérité ou leur fausseté (si…, alors…), comme dans le cas des syllogismes. Soit les deux propositions vraies p et q, alors p implique q (p : Socrate est un homme ; q : les hommes sont mortels ; p implique q : donc Socrate est mortel). Outre l'implication, l'adolescent est capable d'utiliser la disjonction (ou p ou q ou les deux), l'exclusion (soit p, soit q, mais pas les deux). Deux propositions peuvent dont être associées logiquement de 4 manières différentes : p. q, p. non q, non p. q, non p. non q. La combinaison de ces 4 associations correspond aux 16 opérations binaires décrivant les relations entre deux propositions.

Le *groupe INRC* est la seconde structure qui sous-tend la pensée hypothético-déductive. N et R représentent les deux réversibilités (N par inversion et R par réciprocité), I la transformation nulle ou identique et C la corrélative, inverse de la réciprocité. Soit l'exemple piagétien d'un escargot placé sur une planchette sur une table. Par rapport à un point de référence sur la table, l'escargot peut avancer (opération directe I) ou reculer (opération inverse N). On peut déplacer la planchette dans le sens contraire de l'avancée de l'escargot (opération réciproque R) ou dans le même sens (opération corrélative C). Avant la période des opérations formelles, l'enfant peut comprendre les déplacements de l'escargot et de la planchette, mais il ne peut les intégrer simultanément pour comprendre que l'avancée de l'escargot est compensable par le déplacement de la planchette en sens inverse, ce qui rend l'escargot immobile par rapport au point de référence sur la table. C'est seulement à la période des opérations formelles que les quatre déplacements, leur coordination et leur compensation peuvent être compris.

Les comparaisons interculturelles ont montré que l'accès à la pensée formelle n'est pas universel et qu'elle est liée fortement à la scolarisation. Bien des adultes ne l'utilisent pas ou ne l'appliquent que dans le cadre de tâches familières, en n'arrivant qu'à des réussites partielles. La plupart des expériences quotidiennes ne requièrent que des opérations concrètes, et nos possibilités de raisonnement formel se sclérosent, faute de stimulation ; des fonctionnements routiniers nous amènent à appliquer toujours le même mode de raisonnement aux problèmes nouveaux que nous rencontrons.

2. Le développement du langage

Le développement du langage ne s'arrête pas à la fin de l'école primaire. Sa maîtrise se développe encore dans de multiples aspects de l'oral et de l'écrit. Examinons plus particulièrement l'argumentation et la lecture-compréhension.

- **L'argumentation (*cf.* Golder, 1996)**

C'est une conduite fréquente et précoce, d'abord sous une forme rudimentaire et en cas d'enjeu important pour l'enfant : regarder encore la télévision avant d'aller se coucher, faire acheter un jouet à sa mère pendant les courses au supermarché... Dès 3 ans, les enfants utilisent des arguments à l'appui de leur demande pour tenter de convaincre leur interlocuteur. À 4 ans, les arguments se différencient en fonction de l'interlocuteur (adulte plus ou moins familier, camarade). Des dimensions sociales plus fines, telles que le statut, ne sont prises en compte que plus tardivement. L'argumentation élaborée s'appuie sur des valeurs communes au locuteur et à son interlocuteur : il faut donc inférer les pensées d'autrui (*cf.* chap. 2) pour présenter des arguments qui soient recevables. Elle suppose d'articuler arguments et contre-arguments par des relations complexes de concession, restriction ou spécification. Une telle maîtrise n'est que partiellement acquise à 14-15 ans, et l'argumentation élaborée, y compris dans sa forme écrite, pose encore bien des problèmes aux adolescents, comme en témoignent leurs résultats à l'épreuve de français du baccalauréat, pour ceux qui choisissent le texte argumentatif... Il est cependant possible d'apprendre à argumenter, ce qui est encore trop peu travaillé dans l'institution scolaire, en créant des situations dans lesquelles les élèves doivent défendre un point de vue pour arriver à un résultat. Ils apprennent ainsi à organiser arguments et contre-arguments et à maîtriser les deux opérations caractéristiques de l'argumentation : la justification (justifier ce que l'on dit) et la négociation (relativiser ses positions, les négocier en utilisant des marques textuelles appropriées comme « dans certains cas », « à mon avis », etc.).

- **La lecture-compréhension**

La majorité des élèves sait déchiffrer en arrivant au collège, mais la lecture-compréhension pose encore des problèmes pour nombre d'entre eux : repérer les idées essentielles d'un texte, retrouver des informations et les exploiter pour répondre à des questions, etc. Ceci constitue un sérieux handicap pour la suite de la scolarité, qui fait appel dans les différentes disciplines à des textes variés pour de multiples activités (mémorisation, synthèse, recherche documentaire, etc.).

Comme le souligne Rouet (2001), le texte est un outil complexe qui ne se réduit pas à une suite de phrases composées de mots. Il a une certaine mise en forme (marge, typographie, ponctuation) qui fournit des repères pour la lecture, de même que les titres, intertitres et connecteurs apportent des informations spécifiques. L'ordre des idées et le schéma d'organisation ne sont pas les mêmes selon les types de textes : dans un texte narratif, on présente d'abord les personnages et les lieux, puis un événement inattendu, un ou plusieurs épisodes de résolution ; dans un texte expositif, on trouve une énumération, des comparaisons, la présentation d'un problème et sa solution, etc. En début de collège, bien des enfants ne prennent pas en compte les informations apportées par la forme du texte ou les connecteurs, ne repèrent pas des anomalies glissées dans l'ordre des phrases et ne parviennent pas à utiliser correctement les éléments permettant de se repérer dans des textes complexes (table des matières, index). Prendre des notes, souligner des informations importantes, faire des résumés au fur et à mesure de la lecture d'un texte, toutes ces activités qui devraient être enseignées explicitement, constituent une aide à la lecture-compréhension. Les évaluations en lecture des 600 000 jeunes Français et Françaises d'environ 17 ans, lors de la journée d'appel de préparation à la défense en 2000-2001 (Robin et Rocher, 2001), illustrent des difficultés persistantes. Une première épreuve consistait à rechercher des informations dans un programme TV organisé en tableau à double entrée et à comprendre un texte narratif de 607 mots. Elle permet de repérer 12 % de jeunes en difficulté de lecture (14 % des garçons et 9 % des filles). La moitié d'entre eux éprouve de graves difficultés, même dans les mécanismes élémentaires ; ils sont dans une situation qui peut déboucher sur l'illettrisme. À ceux qui n'ont pas de difficultés majeures, on propose de nouvelles épreuves (un dossier de candidature à un concours administratif et un texte narratif plus long). Environ 90 % de ces jeunes réussissent les items de compréhension immédiate (prélever des informations explicitement délivrées par le texte), mais ils ont plus de difficultés avec les items de compréhension logique (70 % de réussite, pour mettre en relation plusieurs informations explicites et construire le sens du texte) et encore davantage avec les items de compréhension fine (combler les lacunes du texte ou faire des inférences à partir des informations explicites : 60 % de réussite). Les difficultés de compréhension perdurent au-delà de la lecture des mots, travaillée dans les premières années de l'apprentissage à l'école élémentaire. La lecture-compréhension nécessite un apprentissage renforcé à l'école élémentaire et prolongé au collège, voire au-delà, en cas de difficultés spécifiques.

Bien d'autres aspects du langage sont encore en évolution pendant l'adolescence, que nous ne pouvons pas développer dans le cadre de cet ouvrage. L'apprentissage de mots nouveaux est fortement sollicité dans les activités scolaires (Florin, 2000*a*). La production écrite, en tant que transmission de contenu et activité rhétorique, suppose la réalisation de différents types de textes respectant certaines caractéristiques formelles. Elle nécessite une planification, une organisation des idées, qui rende compréhensible pour un lecteur absent le message transmis, ainsi qu'une utilisation correcte des différentes marques de cohésion (ponctuation, connecteurs, anaphores) et un respect des normes orthographiques (Fayol, 1997).

3. Le développement moral et l'idéologie

Comment l'enfant apprend-il à reconnaître ce qui est bien et ce qui est mal, dans son propre comportement et dans celui des autres ? Généralement, les parents enseignent aux jeunes enfants qu'il n'est pas bien de mentir, de tricher, de voler. Mais y a-t-il des circonstances où il est légitime de mentir ? Doit-on dénoncer un camarade qu'on a vu tricher pendant un examen ? Peut-on voler un médicament très coûteux pour sauver une personne en danger de mort si on ne peut le payer ? Ces problèmes ne se posent pas seulement à partir de l'adolescence et dans la vie d'adulte, et les jeunes enfants sont souvent confrontés à des questions similaires.

• Le raisonnement moral

Avec l'adolescence émergent de nouveaux modes de raisonnement moral. Kohlberg (1981), à la suite de Piaget, a étudié son évolution en proposant des dilemmes aux enfants et adolescents sous forme d'histoires. En reprenant le thème du vol de médicament, on propose l'histoire d'un homme qui veut sauver sa femme atteinte d'un cancer et qui risque de mourir ; il ne peut réunir la somme exorbitante que lui demande un pharmacien cupide, qui, de plus, refuse un paiement en plusieurs fois. On demande ensuite à l'enfant ou à l'adolescent de répondre à une série de questions : L'homme a-t-il bien fait de voler le médicament ? Aurait-il agi de la même manière s'il n'aimait pas sa femme ? Et si cette femme était une personne étrangère, aurait-il volé le médicament ? Selon les réponses, Kohlberg identifie trois niveaux de raisonnement moral, chacun comportant deux stades :

– *niveau 1 : morale préconventionnelle.* Ce sont les conséquences des actions (être puni) qui en déterminent la valeur morale. Le jugement est orienté vers la punition et l'obéissance à des adultes, sources d'autorité physiquement supérieures à l'enfant (stade 1). Les critères utilisés pour distinguer entre le bien et le mal sont plus externes qu'internes. Puis (stade 2) l'enfant considère que si une action est agréable ou entraîne une récompense, elle est bonne ; si elle entraîne une punition, elle est mauvaise. Ce niveau est caractéristique de l'enfance, entre 6 et 10 ans ;

– *niveau 2 : morale conventionnelle.* Le jugement est fonction des valeurs et des règles du groupe familial, du groupe de pairs ou d'une institution. Ce que le groupe considère comme bien est bien, et l'enfant (ou l'adolescent ou l'adulte) l'intègre comme norme, sans remise en question. Au stade 3, l'enfant considère que ce qui plaît aux autres est bien : il valorise la confiance, la loyauté et le maintien de bonnes relations interpersonnelles. Il commence aussi à tenir compte des intentions et pas seulement des actes (faire une bêtise sans l'avoir fait exprès est moins grave qu'avec une intention de nuire). Au stade 4, les préoccupations centrées sur la famille et les camarades s'élargissent à des institutions, à la société : il faut respecter les lois ;

– *niveau 3 : morale postconventionnelle ou principes moraux autonomes.* Alors que dans les niveaux précédents, la source d'autorité est considérée comme extérieure, la personne se fonde ici sur ses choix individuels, ses jugements personnels à partir de principes librement choisis. Elle sait qu'il existe différents points de vue et que les valeurs sont relatives, que les règles doivent être respectées mais qu'elles peuvent être modifiées. Au stade 5, la personne prend conscience du fait que les règles morales dépendent de l'accord entre les membres du groupe (contrat social). Au stade 6, l'adulte élabore des principes éthiques universels (respect de la personne humaine, droit à la vie, etc.). Lorsque les lois suivent ces principes, elles doivent être respectées ; en cas de contradiction entre la loi et la conscience, c'est la conscience qui prédomine, et l'individu peut être amené à prendre des positions minoritaires par rapport à son groupe (problèmes de la torture, de la peine de mort, etc.).

Quelle est la fréquence de ces niveaux et de ces stades en fonction de l'âge ? Selon Kohlberg et d'autres auteurs, les jugements des stades 4 et 5 sont en nette progression au cours de l'adolescence, alors que le stade 6 reste minoritaire et progresse peu. Le passage du stade 4 aux stades 5 et 6 des principes moraux autonomes correspond à celui d'une attitude conventionnelle et autoritaire à une attitude humaniste.

Les comparaisons interculturelles ont confirmé l'existence de structures morales universelles (dès lors qu'on ne confond pas les conventions sociales propres à certains groupes sociaux : manière de s'habiller, de s'adresser aux personnes, etc., avec les règles morales) se développant selon un certain ordre, en liaison étroite avec le développement cognitif. Pour autant, les différences interindividuelles existent, et il serait simpliste de considérer les jeunes délinquants comme manquant de maturité, d'autant qu'ils ne constituent pas une population homogène. Les adolescents ont aussi une histoire tissée dans les relations avec leurs parents et dans le contrôle parental qu'ils ont connu : démocratique (les enfants peuvent participer à la prise de décision et discuter de plusieurs alternatives, ce qui suppose une communication relativement facile dans la famille), autocratique (les parents décident de ce que l'enfant doit faire, sans discussion) ou permissif (l'enfant décide seul) ; les deux derniers types ne facilitent pas la discussion des règles morales, des lois et des valeurs qui les sous-tendent.

Il importe aussi de distinguer jugement et action ; or la plupart des recherches examinent les attitudes, les jugements, et non pas les comportements réels. On peut raisonner selon certains principes et ne pas s'y conformer dans la réalité. L'habitude pour résoudre les petits problèmes quotidiens, le coût pour faire quelque chose d'utile ou pour s'abstenir de mal faire, la fuite devant une responsabilité en l'attribuant à autrui, des motivations contradictoires (respecter les règles ou se faire valoir auprès d'un groupe de pairs en commettant un acte répréhensible), sont autant de facteurs qui expliquent les écarts entre jugement moral et comportement.

- **L'idéologie**

Les représentations idéologiques évoluent à l'adolescence (Lehalle, 1985). La possibilité de raisonner sur des idées abstraites (la religion, l'éducation, la politique, etc.) se développe, de même que la capacité à situer dans le temps les déterminations sociales (comprendre que l'état d'une question à une certaine époque dépend des états antérieurs). Les adolescents intègrent progressivement la notion de changement dans l'univers politique, en reconnaissant qu'une organisation sociale est le résultat de décisions (votes, consultations, etc.), ce qui implique la possibilité de changements. Ils deviennent davantage capables de considérer le pour et le contre et de nuancer leurs jugements, en recherchant des solutions qui respectent les droits de chacun et en se référant à des principes généraux plutôt qu'à des opinions particulières.

III. LES RELATIONS SOCIALES ET LA PERSONNALITÉ

L'estime de soi évolue avec l'âge : elle diminue souvent au début de l'adolescence, en relation avec les transformations de la puberté et les changements scolaires (changement d'école et de repères), pour devenir plus positive vers la fin de l'adolescence. La définition de soi (concept de soi) évolue aussi, en se fondant moins sur des caractéristiques physiques ou l'apparence corporelle, et davantage sur des traits durables et des convictions personnelles. La compréhension des autres et des relations interpersonnelles devient plus abstraite et plus nuancée.

1. Les relations entre pairs

Les relations entre pairs, importantes pendant l'enfance, le deviennent encore plus pendant l'adolescence. Les critères de choix des amis évoluent : basés sur les activités communes et les jeux pendant l'enfance, sur les affinités affectives, la confiance réciproque et les goûts communs à l'adolescence, avec souvent une connotation passionnée. Si les adolescents font appel à leurs parents en cas de problèmes matériels et moraux, ils confient leurs problèmes personnels et notamment sentimentaux à leurs amis, et ils leur consacrent nettement plus de temps. Pendant l'enfance, le groupe de camarades permet l'apprentissage des relations interpersonnelles ; à l'adolescence, il aide au passage vers une vie d'adulte autonome et à la construction de l'identité personnelle, à travers les expériences partagées, un langage commun, des interactions hétérosexuelles, hors de la dépendance familiale. Il constitue une sorte de laboratoire d'expérimentation sociale. La recherche de traits similaires (un double de soi-même) fréquente en début d'adolescence, évolue ensuite vers une recherche de complémentarité.

L'adolescence est caractérisée par la naissance du sentiment amoureux et l'expérience des relations sexuelles. L'évolution des mœurs et l'accès aux moyens contraceptifs ont contribué à la précocité des premières expériences, avec une réduction des écarts entre filles et garçons, ces derniers étant traditionnellement plus précoces. Les nouveaux risques liés à la sexualité (le sida, notamment) entraînent davantage l'utilisation de moyens de prévention qu'une limitation des relations sexuelles. Pour autant, l'utilisation de préservatifs et des moyens contraceptifs sûrs est loin d'être systématique ou généralisée, d'où l'augmentation des grossesses non désirées et des maladies sexuellement transmissibles. Développer l'information des jeunes adolescents en la matière, au-delà des seuls aspects physiologiques, est donc une nécessité.

Pour une majorité de jeunes, amour et sexualité sont naturellement liés, et la fidélité pour soi et pour autrui demeure une notion importante. C'est un sujet qu'ils abordent surtout entre camarades et peu avec les adultes, d'où la difficulté de réaliser des enquêtes auprès d'eux. Les rares enquêtes sur l'homosexualité montrent des attitudes plutôt négatives et intolérantes chez les adolescents, notamment chez les garçons qui cachent davantage leur homosexualité que ne le font les adultes hommes (5 à 7 % des hommes adultes se déclarent homosexuels).

Les groupes de pairs, qui peuvent être de taille limitée (fondée sur une proximité géographique : moins de 10) ou plus large lorsqu'il s'agit de bandes (15 à 30 personnes) favorisant les rencontres hétérosexuelles, vont se désintégrer vers la fin de l'adolescence, avec la formation de couples relativement stables.

2. Les relations familiales

Les relations familiales évoluent, avec le développement de l'autonomie et l'émancipation de la tutelle parentale. Les relations avec les parents ne sont pas forcément marquées par les conflits et le fossé des générations. La majorité des adolescents déclarent entretenir de bonnes relations avec leurs parents, et une minorité (moins de 10 %, selon différentes enquêtes) dit avoir des conflits fréquents, aigus ou permanents. Si les loisirs sont généralement dissemblables (ce qui est plutôt rassurant pour le renouvellement créatif, notamment dans les domaines artistiques !), parents et enfants partagent souvent les mêmes idées (croyances, choix politiques ou professionnels).

Les relations parentales sont fondées sur l'attachement qui se développe très tôt, au cours de la petite enfance (*cf.* chap. 1). Ce lien fort, qui fait des parents une source de protection, de réconfort (une « base de sécurité »), se maintient tout au long de la vie, tout en se manifestant, évidemment, de manière différente par rapport aux premières années. Nous avons évoqué les styles d'interactions familiales et les modes de contrôle parentaux (*cf. supra* « Le raisonnement moral ») : les parents autocratiques exercent un contrôle strict et manifestent peu leur attachement ; à l'inverse, des parents fortement attachés peuvent exercer peu de contrôle et être qualifiés de permissifs. Il existe également des parents faiblement attachés et exerçant peu de contrôle, qualifiés de négligents. Restent les parents démocratiques, fortement attachés, tout en exerçant un contrôle dans un climat chaleureux, de discussion et de prises de décisions conjointes sur certains sujets : leurs enfants, quelle que soit la classe sociale ou l'appartenance ethnique, obtiennent de meilleurs résultats scolaires que les autres, et les effets positifs de ce style d'éducation se retrouvent dans d'autres aspects du développement, dans la maturité sociale, les émotions et la santé mentale. Les adolescents ayant des parents permissifs en sont plutôt satisfaits, ont un bon développement social, mais de moins bons résultats scolaires et un taux plus élevé de délinquance mineure (absentéisme scolaire, consommation de drogues douces). Les enfants de parents autocratiques ont un taux de délinquance bas, mais un moins bon développement social et un manque d'autonomie. Ceux qui ont des parents négligents sont les plus en difficulté, enregistrent le plus d'échecs scolaires, les taux les plus élevés de troubles de la personnalité et d'actes de délinquance grave.

Les enfants et les adolescents ont besoin de parents attachés, mais qui soient également capables de fixer des limites et des règles de conduites qui les aident à se structurer, quitte à les discuter (voire à les transgresser). On comprend que le modèle autocratique soit rejeté par les adolescents, mais le manque de règles est souvent ressenti par eux comme le signe d'un manque d'intérêt à leur égard.

En général, les relations parents-enfants évoluent d'un modèle d'autorité vers un modèle de coopération, et les adolescents s'émancipent progressivement du milieu familial, en développant leur vie privée. Les parents doivent donc évoluer avec leurs enfants, en exerçant moins de contrôle et en acceptant leur émancipation, tant du point de vue des idées que des relations affectives : parents et enfants acquièrent ainsi plus d'indépendance, l'indépendance des uns favorisant celle des autres...

3. La construction de l'identité

• L'image corporelle

Elle se construit dès la petite enfance (Zazzo, 1993). Reconnaître dans la glace le visage d'autrui est très précoce : le bébé sourit au reflet de sa mère dans le miroir et arrête de sourire lorsqu'il disparaît. Voir un jour son image dans le miroir, qui réunit tous les aspects du corps habituellement visibles ou non visibles (le visage), y compris dans la succession des gestes qu'il accomplit en vous mimant au lieu d'échanger avec vous, provoque chez l'enfant une réaction de surprise au cours de la deuxième année, voire un évitement du regard. Mais voir son reflet dans le miroir n'est pas se reconnaître : la reconnaissance de soi, attestée expérimentalement lorsque l'enfant, en se voyant, efface la tache rouge qu'on lui a faite en cachette sur le nez au lieu de toucher son reflet, n'est effective que vers 2 ans, quelques mois avant l'identification verbale (c'est moi !) et avant que l'enfant se retourne vers la personne ou l'objet dont il voit le reflet dans le miroir, selon Zazzo. Les réactions de contournement du miroir (aller voir ce qu'il y a derrière) perdurent quelques mois ou quelques années, illusion d'un espace réel avant la prise de conscience de l'espace virtuel (l'épreuve de la tache a été utilisée d'abord par Gordon Gallup en 1970 avec des chimpanzés. Seuls les chimpanzés élevés avec des congénères manifestent une reconnaissance de soi, contrairement à ceux qui ont été élevés isolés. La reconnaissance de soi passe par la connaissance visuelle des congénères).

Les modifications somatiques conduisent l'adolescent à modifier l'image qu'il a de son corps et de ses caractéristiques sexuelles. La crainte d'avoir un corps peu harmonieux est fréquente, avec des fixations sur certaines parties, en raison des décalages dans le développement physique (les bras et les jambes poussent plus vite que le tronc et la tête, d'où une allure dégingandée) ou pour des défauts imaginaires (mes oreilles ou mes genoux sont moches, je les cache !). L'image corporelle est aussi celle que nous renvoie autrui et elle se construit en fonction des modèles véhiculés par la société à une époque donnée. Les magazines, les images télévisuelles contribuent à forger des critères, quelquefois aberrants, de beauté, de taille, de minceur, qui peuvent provoquer des ravages chez les adolescents en pleine construction de leur identité et fascinés par des modèles idéalisés de la masculinité ou de la féminité. Trop de filles plongent dans l'anorexie, à la recherche d'une minceur inaccessible, même si la pathologie de l'anorexie ne se limite pas au refus de s'alimenter et implique aussi une incapacité à assumer une identité sexuelle et une déformation délirante de l'image du corps.

- **Les composantes de l'identité**

L'adolescence est aussi la construction de l'identité sexuelle, et une puberté tardive peut être vécue comme pénalisante, tant par les garçons que les filles à la recherche des premiers signes de leur identité sexuelle (une puberté précoce peut aussi être mal vécue par les filles lorsqu'elle provoque des sarcasmes chez les copines de son âge, alors qu'elle est plutôt source de fierté chez les garçons à puberté précoce). Celle-ci consiste à se reconnaître comme appartenant au sexe masculin ou au sexe féminin et s'y sentir à l'aise.

René Zazzo (1910-1995)
Psychologue français

Après des études de philosophie à la Sorbonne, puis aux États-Unis sous la direction d'Arnold Gesell, il collabore avec Henri Wallon et lui succède en 1950 comme directeur du Laboratoire de psychologie de l'enfant. Il soutient sa thèse en 1958 sur « les jumeaux, le couple et la personne » sous la direction de Jean Piaget. À la fois chercheur, clinicien et professeur d'université en psychologie de l'enfant (à Paris X-Nanterre de 1967 à 1985), il reste le spécialiste mondial de l'étude des jumeaux et il a également réalisé de nombreux travaux sur l'examen psychologique de l'enfant. Précurseur de la psychologie scolaire, il aimait à souligner que « la tâche prioritaire du psychologue à l'école, ce ne sont pas les enfants-problèmes, ce sont les problèmes des enfants, problèmes normaux et quotidiens » (1983, p. 130). Souvent novateur, par ses observations dans les années 1940 de l'imitation néonatale, par sa lecture de travaux alors peu considérés en France (la théorie de l'attachement de Bowlby, notamment), il défendit avec vigueur une conception de la psychologie de l'enfant pris dans sa globalité.

Il est l'auteur de nombreux articles, films et ouvrages, outre sa thèse, parmi lesquels : *Conduites et Conscience* (1962 et 1968), *Le Paradoxe des jumeaux* (1984), *Reflets de miroir et autres doubles* (1993). Il a écrit plusieurs ouvrages en collaboration, dont : *Manuel pour l'examen psychologique de l'enfant* (1958), *Nouvelle échelle métrique de l'intelligence* (1966), *Des garçons de 6 à 12 ans* (1969).

Dans *Une mémoire pour deux* (Paris, Mardaga, 2000), sa femme Bianka Zazzo, psychologue et auteur elle-même de plusieurs ouvrages sur la psychologie de l'enfant et de l'adolescent, retrace leur parcours commun.

Si les préoccupations des adolescents quant à leur image corporelle sont maximales vers 13 ou 14 ans et diminuent ensuite, leurs interrogations sur leur identité personnelle se poursuivent pendant l'adolescence. Plusieurs dimensions sont impliquées : la continuité temporelle (le sentiment d'être la même personne, de l'enfance à l'âge adulte) ; la cohésion (le sentiment d'être une personne unique, non morcelée) ; la réunion des éléments à partir desquels on se reconnaît, en se démarquant des autres. L'identité personnelle implique aussi une dimension sociale : pouvoir se situer par rapport à des relations interpersonnelles et des rôles sociaux, des choix professionnels, des croyances, des valeurs. Dans ces domaines, l'expérimentation (certains auteurs parlent de « moratoire », *cf.* Erikson, 1968) précède généralement l'engagement, et elle est nécessaire à la construction d'une véritable identité. Cette construction n'est pas sans risques, notamment en cas de fragilité personnelle : dépendance vis-à-vis d'un groupe ou attrait d'idéologies sectaires aboutissant à la négation de choix personnels.

- **L'identité ethnique**

Les adolescents qui font partie d'une minorité ethnique doivent aussi acquérir une identité ethnique, qui comporte plusieurs aspects, selon Phinney et Rosenthal (1992) : identification de soi comme membre d'un groupe, sentiment d'appartenance et engagement par rapport à un groupe, attitudes positives ou négatives à l'égard du groupe, sens des valeurs et attitudes partagées, apprentissage de pratiques ethniques (langue, coutumes, comportements). À l'adolescence, le développement de l'identité ethnique se ferait en trois étapes. La première, celle d'une identité « non réfléchie », comprend souvent des stéréotypes négatifs partagés dans la culture dominante : les adolescents préfèrent la culture dominante ou souhaiteraient être nés dans le groupe majoritaire. Mais tous les adolescents issus de minorités ethniques ne partagent pas ces images négatives, si le contenu de l'identité transmis par la famille ou l'entourage est positif. Cette étape, comme celle de la morale conventionnelle (*cf. supra*), se construit essentiellement à partir de sources extérieures d'autorité. La deuxième étape est celle de la « recherche de l'identité ethnique ». Elle est déclenchée par des expériences mettant en avant l'appartenance ethnique (par exemple des préjugés raciaux) : l'adolescent compare son groupe ethnique avec les autres pour former son propre jugement. La troisième étape serait celle de « la résolution des conflits ». Certains adolescents souhaitant s'intégrer dans la culture dominante peuvent être rejetés par leurs camarades de même groupe ethnique, qui les accusent de trahir leur culture ; d'autres s'éloignent de leur groupe ethnique ; d'autres encore se construisent deux identités, en passant de l'une à l'autre selon les activités et les personnes fréquentées ; d'autres enfin choisissent les valeurs de leur propre groupe, quitte à avoir des difficultés à accéder à la culture dominante. Des études longitudinales montrent que les adolescents qui ont atteint la troisième étape de ce processus ont une meilleure estime de soi et une meilleure adaptation psychologique, par rapport à ceux qui en sont encore à l'étape « non réfléchie ». Mais les caractéristiques de l'identité ethnique varient beaucoup d'un groupe à l'autre, selon les expériences de préjugés raciaux et la proximité des valeurs par rapport à la culture dominante.

4. Les adolescents en difficulté

L'adolescence est une période de changements physiques et psychologiques importants, ce qui en fait une période vulnérable. Si, pour la majorité des adolescents, elle n'est pas synonyme de crise, elle peut correspondre à des difficultés sérieuses pour certains, voire à des pathologies. La recherche d'identité, la construction d'une nouvelle image de soi expliquent les comportements narcissiques des adolescents qualifiés d'égoïstes. La multiplication des expériences permettant de se confronter à des personnes autres que les parents pour se construire une identité pose le problème de la qualité des interactions avec ces partenaires en tant que modèles d'identification. Des expériences frustrantes peuvent conduire à un certain isolement, voire à des inhibitions, dans la vie scolaire et relationnelle notamment.

• Les difficultés scolaires

Elles obligent quelquefois les adolescents à abandonner les buts qu'ils s'étaient fixés ou à se réorienter. Le désinvestissement scolaire qui en découle peut se manifester de plusieurs manières : évitement du travail ou des examens ou conduites obsessionnelles, l'adolescent passant beaucoup de temps devant son travail sans de meilleurs résultats. Le découragement lié à une demande excessive (*cf.* chap. 2, « 1. La résignation apprise », p. 54-56) peut être spécifique à une matière scolaire, ou global : l'adolescent a appris (consciemment ou non) que ses résultats sont incontrôlables par ses réponses, d'où une passivité face aux événements négatifs rencontrés. Les désillusions ou les frustrations dans les relations avec autrui (adultes, adolescents de l'autre sexe) entraînent souvent une certaine timidité, la recherche de solitude, voire un enfermement de type pathologique.

D'autres symptômes plus graves apparaissent à l'adolescence, en cas de difficultés majeures pour dépasser la situation de crise, rompre avec l'enfance et s'identifier à l'adulte.

- **La dépression**

Elle n'est pas spécifique de l'adolescence et elle peut toucher les enfants, même très jeunes. Lorsque des épisodes de tristesse, signes de malaise passager, se prolongent et s'accompagnent de troubles du sommeil ou de l'alimentation, de difficultés de concentration, avec l'expression d'angoisse et de culpabilité, on peut soupçonner un état dépressif. Les enfants de parents dépressifs montrent eux-mêmes une prédisposition à la dépression, sans qu'on puisse clairement établir s'il existe un facteur génétique (études sur des jumeaux et des enfants adoptés) ou seulement des perturbations des interactions parents-enfants en lien avec la dépression des parents. En relation avec leurs difficultés de communication, les mères déprimées ont plus souvent que les autres des enfants faiblement attachés, et les adolescents faiblement attachés présentent plus fréquemment des symptômes dépressifs que les adolescents fortement attachés. Mais d'autres facteurs de la dépression existent, en lien avec des expériences stressantes dans la famille (divorce des parents, problèmes d'emploi, mort d'un parent) ou en dehors : rejet par les pairs, manque d'estime de soi, échec scolaire, problèmes sentimentaux.

- **Les tentatives de suicide**

Rares chez les enfants de moins de 12 ans, elles augmentent en fréquence jusqu'à l'âge adulte. Elles ne relèvent pas d'une interprétation unique et peuvent signifier le besoin d'attention, une fuite des conflits (comme bien des fugues : en fuyant l'environnement habituel, on pense fuir les conflits internes), ou témoigner d'une grave dépression. Le taux de tentatives de suicides « réussies » augmente tout au long de la vie, et il est plus élevé chez les hommes que chez les femmes (1 pour 25 chez les premiers et 1 pour 160 chez les secondes d'après certaines statistiques). Quoi qu'il en soit, toute menace de suicide doit être prise au sérieux : symptômes dépressifs, isolement par rapport au groupe, diminution de la communication avec les parents constituent autant de signaux d'alerte. Une aide psychologique est alors nécessaire pour l'enfant et éventuellement ses parents.

- **Les comportements délinquants**

Ils contiennent, comme tous les troubles de comportement, des signes de provocation et de brutalité ; s'y ajoutent des infractions délibérées à la loi.

Les bagarres, menaces à l'égard d'autrui, mensonges, vols existent aussi chez les jeunes enfants. Mais ces comportements « antisociaux » deviennent plus dangereux, plus permanents à l'adolescence ; comme les troubles de comportement chez les plus jeunes, ils sont plus fréquents chez les garçons que chez les filles. Mesurer l'ampleur du phénomène est très difficile, et le nombre des arrestations (surtout pour vol, introduction par effraction et vandalisme) ne rend évidemment pas compte du phénomène. Des enquêtes sur les actes de violence dans les établissements scolaires (Houllé, 2002) indiquent des taux d'incidents déclarés variables selon les établissements secondaires sur des périodes de deux mois : moins de 3 pour 1 000 élèves en lycée, entre 6 et 7 en collège, entre 8 et 11 en lycée professionnel. Les actes les plus fréquents sont les violences physiques sans arme, les insultes ou menaces graves et les vols. Les élèves sont surtout victimes de violence physique sans armes, beaucoup plus que de menaces ou d'injures auxquelles les personnels sont plus exposés. En cas d'atteinte à la personne, la victime est une fille dans 25 % des cas : ce taux monte à 80 % pour les atteintes sexuelles. Comparé au second degré, l'enseignement primaire a un nombre d'actes déclarés vingt à trente fois inférieur.

Diverses explications des comportements délinquants existent, certaines surtout sociologiques, d'autres faisant intervenir la pathologie individuelle, toutes les conduites délinquantes ne relevant pas des mêmes. Certains auteurs distinguent les délinquants socialisés intégrés dans un groupe et les délinquants psychopathes non socialisés et non intégrés. Les premiers viennent habituellement de quartiers pauvres (ce qui, évidemment, ne signifie pas que la plupart des enfants habitant dans des quartiers défavorisés deviennent délinquants) et sont issus de familles dont le style éducatif peut souvent être qualifié de désengagé ou négligent (*cf. supra*) : ils sont très attachés à leur groupe ou leur bande, restent dehors tard, ne sont pas soumis à une discipline très cohérente. Les délinquants psychopathes se retrouvent dans toutes les classes sociales et quelle que soit la composition familiale (traditionnelle ou éclatée).

Les adolescents auteurs d'actes délinquants semblent avoir des points communs : difficulté à comprendre les autres, difficulté à apprendre les règles sociales. Plusieurs facteurs interviennent pour expliquer tel ou tel type de délinquance : échec des parents pour imposer une discipline, ou modèle de délinquance parentale (notamment du père) et renforcement des comportements agressifs dans la famille. Le tempérament de l'enfant joue également, ainsi que la faiblesse de l'attachement parents-enfants ou le rejet par les pairs.

- **La consommation de drogues ou l'abus d'alcool**

Elle est souvent justifiée par les adolescents comme une réponse à des comportements dépressifs, un besoin de s'évader ou de se détendre. L'élément le plus déterminant pour expliquer ces conduites addictives est plutôt l'existence d'autres problèmes antérieurs que l'influence d'un groupe, mais l'attirance pour un groupe ayant des comportements à risque doit inquiéter les parents, en tant qu'expression d'un malaise sérieux.

IV. Les adolescents et l'intégration sociale

L'intégration sociale des adolescents se fait à travers la scolarisation, les groupes de camarades et l'entrée dans le marché du travail.

1. L'institution scolaire

Vers 12 ans, l'entrée dans l'enseignement secondaire constitue une expérience nouvelle, par son mode de fonctionnement comparé à celui de l'école (nombreux professeurs au lieu d'un enseignant référent, plusieurs salles correspondant aux différents enseignements au lieu d'une salle de classe unique) et par l'élargissement social qu'il représente (taille de l'établissement, nombre d'élèves avec lesquels on peut interagir). Le succès ou l'échec scolaire ont des incidences fortes sur les perspectives d'avenir et la représentation de soi. Les relations entre pairs sont une source d'influences réciproques dans les choix vestimentaires, les loisirs ou la consommation de drogues douces, mais les parents gardent une influence prépondérante pour les choix à plus long terme (poursuite d'études, orientation scolaire). Le collège et le lycée, avec ce qui les accompagne (trajets, activités périscolaires), constituent certes des lieux d'apprentissage scolaire, mais aussi d'expérimentation de nouveaux rôles, de nouvelles relations sociales et de comparaisons aux autres. Certains établissements ont des effets plus positifs que d'autres sur la scolarisation des adolescents, à niveau intellectuel et social comparable. Les rapports de proximité avec les adultes, les principes éducatifs et moraux mis en œuvre, le temps réellement consacré à l'enseignement, la discipline, les projets éducatifs particuliers sont autant de variables qui agissent pour différencier les établissements et les rapports que les adolescents entretiennent avec l'école (pour une étude sur les adolescents français et les collèges, *cf.* Paty, 1989).

2. L'intégration sociale

Avant d'être majeur (à 18 ans en France), l'adolescent dépend de son représentant légal pour de nombreuses décisions. Mariage, adoption, interruption volontaire de grossesse, prélèvement d'organe nécessitent l'accord des parents et du mineur : les premiers ne peuvent imposer leur décision au second. Le changement de nationalité, l'adhésion à un syndicat peuvent être demandés par le mineur, avec un consentement du représentant légal. Mais pour une demande de contraception, la reconnaissance d'un enfant naturel ou certaines actions en justice, le mineur peut agir seul. Il a également une responsabilité pénale à partir de 13 ans, et les parents peuvent, en cas d'infraction, être dégagés de leur responsabilité éducative, sous certaines conditions.

Dans de nombreux pays aujourd'hui, comme autrefois dans notre société, les enfants sont au travail, dans les mines, les champs, les fermes ou les ateliers. Dans les pays industrialisés, les lois sur le travail des enfants ont modifié considérablement la situation. Toutefois, les adolescents sont nombreux à travailler, au moins à temps partiel, par nécessité économique (aider sa famille, payer ses études), ou seulement pour financer des loisirs ou s'acheter certains produits. Il s'agit souvent de travaux peu qualifiés, répétitifs et mal rémunérés, qui ne développent pas de compétences particulières pour un futur emploi, hormis dans des domaines spécialisés (technologies de pointe, santé, éducation, etc.). Certaines études montrent qu'avoir exercé un emploi à temps partiel pendant ses études faciliterait l'accès ultérieur à un emploi à temps complet. Mais l'insertion professionnelle est largement dépendante du niveau de diplôme : pour un même domaine de formation, dans une même région et à sexe identique, la probabilité d'avoir un emploi sept mois après avoir quitté le système éducatif est beaucoup plus importante pour les lycéens qui ont un diplôme à bac + 2 de type BTS (+ 18,5 points) que pour ceux qui ont un CAP, de même pour ces derniers (+ 21,1 points) par rapport à ceux qui n'ont aucun diplôme (Colas et Rebière, 2001).

Tout comme l'enfant de 2 ans manifeste à la fois ses nouvelles compétences sociales, cognitives et motrices et son besoin d'indépendance vis-à-vis de la personne qui s'occupe de lui, l'adolescent doit assumer des changements physiques importants, se détacher de l'influence de sa famille et construire son identité d'adulte. Ces « tâches développementales de l'adolescence » (Claes, 1996) peuvent s'accompagner de manifestations d'égocentrisme et de conflits avec l'entourage, sans pour autant déboucher sur une crise. L'instauration d'un nouvel équilibre est une construction complexe dans laquelle interviennent le tempérament du jeune, ses modèles d'interaction construits pendant l'enfance, tout autant que les expériences vécues pendant l'adolescence. Accompagner l'adolescent dans cette transition est une tâche difficile, voire stressante, pour les parents : manifester un attachement sécurisant tout en acceptant la séparation, continuer à fixer des limites et des règles de conduites tout en respectant les choix indépendants, passer de l'autorité à la coopération, dans le respect mutuel.

Conclusion

Tout exposé comporte une présentation fragmentée d'un domaine de connaissances. J'espère néanmoins que le lecteur aura pu construire une vision globale du développement psychologique de l'enfant, de la naissance à l'adolescence. D'une part, nous devenons les adultes que nous sommes à partir des expériences de notre enfance et de notre adolescence, et les processus du développement, faits de continuité et de ruptures, sont indissociables de la compréhension des phénomènes psychologiques. D'autre part, les différents aspects du développement se construisent en interaction : opérations cognitives, compétences langagières, relations sociales, émotions et attachements.

Nous avons souvent parlé de « l'enfant » et de « l'adolescent » pour rendre compte des aspects généraux du développement, de son caractère universel. Mais les variations culturelles et interindividuelles nécessiteraient une analyse spécifique. La variabilité de prise en charge éducative des bébés et des enfants, dont rend compte le concept de « niche développementale » (pour une présentation de cette notion, *cf.* Sabatier, 1994), se manifeste dans l'environnement physique et social, dans les coutumes culturelles de soin et d'éducation, ainsi que dans les représentations et croyances des personnes en charge de l'éducation des enfants. Ils se construisent dans différentes niches successives, qui contribuent à modeler leur développement. Pour autant, toute différence d'environnement culturel n'induit pas forcément des différences de développement : certains aspects apparaissent universels, tels que la construction de l'attachement ou la succession des acquisitions, même si leur rythme peut varier.

De nombreux aspects du développement sont aujourd'hui bien connus, mais on est loin de pouvoir déterminer ses causes, compte tenu de la complexité des facteurs en jeu et du caractère multidéterminé des phénomènes psychologiques ; la description est souvent plus avancée que l'explication. Il est également évident que la déontologie des chercheurs en psychologie leur interdit de conduire des recherches qui permettraient d'avancer dans l'explication, mais qui nuiraient aux enfants participants, par exemple en les privant d'une stimulation normale pour analyser les effets de son absence. Nous sommes loin des « expériences » du pharaon Psammétique (vers 600 avant J.-C.-, récit d'Hérodote), lorsque le monarque confia à un berger et son troupeau de chèvres deux enfants nouveau-nés en recommandant qu'aucun mot ne soit prononcé en leur présence, l'objectif étant de découvrir la langue ancestrale. Le premier mot prononcé par les enfants se traînant aux pieds du berger, vers l'âge de 2 ans, se rapprochait de *bêkos* qui, dans la langue des Phrygiens, signifiait le pain. Psammétique attribua ainsi à leur langue le statut de langue ancestrale, sans avoir fait le rapprochement entre l'onomatopée produite par les enfants et le bêlement des chèvres. Plaisanterie, selon Hérodote, pour tourner en ridicule les prétentions des Égyptiens et les recherches vaines…

La psychologie de l'enfant et de l'adolescent, en tant que discipline scientifique, avec des méthodes rigoureuses d'évaluation et de vérification, met à la disposition de la société un corps de connaissances important, tout en étant provisoire, sur les conditions biologiques, sociales et culturelles du développement psychologique et sur le développement lui-même. Certains psychologues regrettent souvent qu'elle soit si peu utilisée dans la pratique des pédagogues, des cliniciens et des décideurs politiques en charge de ces questions. Jean Piaget déclarait dans une interview : « C'est au pédagogue de voir comment il peut utiliser ce que le psychologue lui offre. » Pour ma part, je souscris plutôt au point de vue de René Zazzo (1988) : « … il faut déjà que le pédagogue puisse saisir ce qu'on lui offre, éventuellement qu'il en prenne et qu'il en laisse. Et mieux encore qu'il sache formuler des questions et les soumettre au psychologue et en discuter avec lui [… d'où la nécessité] d'une interaction [au sens de relations réciproques] entre le praticien et le chercheur ». Il appartient donc aux psychologues du développement de construire, en interaction avec les praticiens, les interfaces nécessaires au transfert des recherches vers le terrain, souvent interdisciplinaire, des applications (Kail et Fayol, 2003).

L'intérêt de la psychologie du développement dans les applications pratiques tient moins à la recherche de l'ensemble des causes, quelquefois anciennes, des phénomènes psychologiques ou à la mise à disposition de théories en tant que systèmes de pensées, qu'à la recherche des conditions favorisant le développement personnel des enfants, que celui-ci soit normal ou perturbé (handicaps, troubles, maltraitance, etc.). Comme le rappelle Rondal (Rondal et Esperet, 1999, p. 636), tous les hommes naissent libres et égaux en droit – Déclaration universelle des droits de l'homme – mais pas en potentialités de développement.

La fin de l'adolescence n'est pas celle du développement. Le développement cognitif se poursuit chez l'adulte avec une évolution vers une forme de pensée « post-formelle » plus pragmatique et la conscience de la relativité des connaissances et des points de vue. Le développement social et affectif correspond à l'apprentissage de nouveaux rôles sociaux, familiaux et professionnels. Comme l'écrit Zazzo (1983, p. 123), « l'adulte réel ne se définit pas en termes d'imperfection ou de perfection, ni même en termes d'achèvement. L'être humain ne cesse jamais de se transformer, en mieux ou en pis. Si l'on peut dire que l'adulte est l'individu devenu capable de subvenir à ses propres besoins, il n'y a pas de caractère universel pour définir cette capacité. La définition de l'état adulte n'est possible que dans une conception relativiste de ce qu'est l'être humain. L'être humain dans la diversité des sociétés qu'il a créées et qui le recréent à chaque génération ».

Tableau synoptique du développement

Âge	Sensoriel et moteur	Social et affectif	Cognitif	Langage/Expression	Langage/Réception
0-1 mois	Localisation visuelle Réaction à la voix de la mère	Tourne les yeux en direction de la partie du corps touchée	Discrimine des stimuli visuels ou auditifs	Cri de la naissance. Cris différents selon les stimulations	Discrimine les contrastes. Préfère la voix de la mère, sa langue maternelle
2-3 mois	Maintien de la tête Perception d'objets à 3 dimensions	Sourire social Relation de face-à-face Mimique de surprise	Préférence pour la nouveauté Anticipe du regard la trajectoire d'un objet	Gazouillis, jeux vocaux, rires Production de 2 syllabes	Sensible à prosodie et rythme Reconnaît une syllabe dans des énoncés différents
4-5 mois	Utilise ses mains comme support Tourne la tête vers un bruit	Sourire social spontané Tourne la tête vers une source sonore	Reproduction d'événements fortuits intéressants Catégorisation	Babillage Vocalise Contrôle de la phonation	Préférence pour le motherese (5 mois) Catégorise les voyelles
6-8 mois	Prise et transfert d'objets Contrôle des mains S'assoit seul sans support Se tient debout avec support	Intentionnalité et réciprocité dans les échanges Vocalise devant le miroir Attachement sélectif	Différencie les visages selon le sexe S'ajuste à l'objet (forme, volume, poids, etc.)	Produit plusieurs syllabes Chantonne Holophrases renvoyant à des objets concrets	Comprend *non* et son nom Comprend des mots en contexte Détecte les frontières de syntagmes

Âge	Sensoriel et moteur	Social et affectif	Cognitif	Langage/Expression	Langage/Réception
9-12 mois	Montre un objet du doigt Premiers pas Coordonne plusieurs actions	Réactions différenciées aux personnes proches/inconnues S'ajuste à des demandes	Construit une tour Anticipe les événements Suit la ligne du regard	Premier mot (10-11 mois) Essaie de nommer les objets désignés par l'adulte	Comprend 30 mots en contexte Comprend des mots hors contexte Détecte les frontières de mots
13-24 mois	Marche seul Descend à reculons (18 mois) Préférence pour une main	Répète les actions qui font rire Comprend les expressions faciales d'autrui	Construit une tour de 5 cubes Expérimentation active Identifie des parties du corps	Discours télégraphique 18 mois : 20 mots, 24 mois : 200	Comprend les mots familiers Comprend 100-150 mots à 16 mois, 200 mots à 20 mois
2-3 ans	Monte et descend les escaliers Tourne les pages d'un livre Coupe avec des ciseaux Saute à pieds joints	Attachements multiples Contrôle des sphincters Jeux symboliques Se reconnaît dans un miroir	Stade préopératoire Identifie les objets par l'usage Oriente un objet pour que l'adulte le voie	200-300 mots Demandes de clarification Modifie les demandes selon l'interlocuteur	Comprend la différence sujet-objet par la position du nom Comprend les demandes directes et des demandes indirectes
3-4 ans	Marche sur une ligne Tape du pied dans un ballon Court facilement Pédale sur un tricycle	Identifie 7 parties du corps Attend son tour Aime aider les adultes Critique les autres	Concepts d'espace, de temps, de quantité Écrit en gros quelques lettres Principe du comptage	Extension du vocabulaire Phrases courtes (3 ou 4 mots) Produit pour rire des incongruités (chat à 2 têtes, etc.)	800 mots à 3 ans, 1 500 à 4 ans Suit de longues conversations Comprend des promesses Rit des déformations de mots

Âge	Sensoriel et moteur	Social et affectif	Cognitif	Langage/Expression	Langage/Réception
4-5 ans	Monte à une échelle Marche en arrière Tient un papier d'une main tout en écrivant de l'autre	Comprend l'état mental d'autrui Joue à des jeux de compétition Stabilité du genre	Classification et sériation Attentif à sa performance Copie une étoile Sait jouer à cache-cache	Vocabulaire : 2 000 mots Exprime son impertinence Produit demandes indirectes et justifications (5 ans)	Comprend 1 500 à 2 000 mots Comprend le comparatif, l'identité et la différence Exécute des ordres complexes
5-6 ans	Court tout en jouant Fait du skate-board ou du roller Lace ses chaussures Fait de la bicyclette (2 roues)	Sait se contrôler Choisit ses amis Négocie avec l'adulte Début de la théorie de l'esprit	Début de la conservation Collections non figurales Dessine un bonhomme Écrit son prénom	2 500 mots Phrases de 5-6 mots Répond au téléphone Lecture logographique	Comprend 2 500 à 3 000 mots Comprend les sarcasmes avec contexte contradictoire adjacent Identifie une rime (syllabe)
7-11 ans	Début de la puberté pour certaines filles (9 ans) Début de la puberté pour certains garçons (11 ans)	Identité de genre Ségrégation sexuelle Différencie réel et virtuel	Opérations concrètes Logique du nombre Dessins réalistes Morale préconventionnelle	Utilise la forme passive Produit des inférences Coopération argumentaire Lecture	Comprend les sarcasmes (8 ans) et les métaphores (10-11 ans) Résultat des tâches d'ajout ou de suppression de phonèmes (8 ans)

Âge	Sensoriel et moteur	Social et affectif	Cognitif	Langage/Expression	Langage/Réception
12-13 ans	Début des changements pubertaires (garçon) Poussée de croissance (fille)	Baisse de l'estime de soi Plus de dépression Responsabilité pénale (13 ans)	Opérations formelles Pensée hypothético-déductive Groupe INRC Morale conventionnelle	Poursuite du développement lexical et sémantique (vocabulaire technique)	Augmentation du vocabulaire compris (vocabulaire technique)
14-15 ans	Poussée de croissance (garçon)	Meilleure estime de soi Préoccupations maximales pour l'image corporelle Relations amoureuses		Argumentation élaborée Poursuite du développement de la production écrite (différents types de textes)	
16-17 ans	Fin de la puberté (fille)	Évolution vers coopération parents/enfants	Consolidation des opérations formelles Morale postconventionnelle		Lecture-compréhension assurée pour la grande majorité des élèves
18 ans	Fin de la puberté (garçon)	Identité claire et distincte Formation de couples relativement stables	Idéologies (religion, politique, éducation, etc.)		

Bibliographie

• Ouvrages de référence

BARON-COHEN S. (1999). « La cécité mentale dans l'autisme », *Enfance*, *3*, 285-293.

BASSANO D. (2000). « La constitution du lexique : le "développement lexical précoce" », *in* M. Kail, M. Fayol (éds.), *L'Acquisition du langage. Le langage en émergence. De la naissance à 3 ans*, Paris, PUF, pp. 137-168.

BERNOUSSI M. (sous la dir. de) (1996). « Le nombre avant et après Jean Piaget », *Revue de psychologie de l'éducation*, tome 1, numéro spécial.

BOYSSON-BARDIES B. (DE) (1996). *Comment la parole vient aux enfants*, Paris, Odile Jacob.

CARTRON A., WINNYKAMEN F. (1995). *Les Relations sociales chez l'enfant : genèse, développement, fonctions*, Paris, Armand Colin.

CLAES M. (1996). « La psychologie de l'adolescence », *in* D.Gaonac'h, C.Golder, *Manuel de psychologie pour l'enseignement*, Paris, Hachette Éducation.

ÉCALLE J., MAGNAN A. (2002). *L'Apprentissage de la lecture. Fonctionnement et développement cognitifs*, Paris, Armand Colin.

FLORIN A. (2000*a*). *Le Développement du langage*, Paris, Dunod, coll. « Les Topos »

GAONAC'H D., GOLDER C. (1996). *Manuel de psychologie pour l'enseignement*, Paris, Hachette Éducation.

GILLET P., HOMMET C., BILLARD C. (2000). *Neuropsychologie de l'enfant : une introduction*, Paris, Solal.

GUIDETTI M., LALLEMAND S., MOREL M.-F. (1997). *Enfances d'ailleurs, d'hier et d'aujourd'hui*, Paris, Armand Colin.

HOUDÉ O. (1995). *Rationalité, développement et inhibition. Un nouveau cadre d'analyse*, Paris, PUF.

LAUTREY J. (1980). *Classes sociales, milieu familial et développement cognitif*, Paris, PUF.

LE CAMUS J., LABRELL F., ZAOUCHE-GAUDRON C. (1997). *Le Rôle du père dans le développement du jeune enfant*, Paris, Nathan.

LÉCUYER R. (1989). *Bébés astronomes, bébés psychologues. L'intelligence de la première année*, Bruxelles, Mardaga.

LÉCUYER R., PÊCHEUX M.-G., STRÉRI A. (1994). *Le Développement cognitif du nourrisson*, tome 1, Paris, Nathan.

LEHALLE H. (1985). *Psychologie des adolescents*, Paris, PUF.

LEHALLE H., MELLIER D. (2002). *Psychologie du développement. Enfance et adolescence. Cours et exercices*, Paris, Dunod.

LE MANER-IDRISSI G. (1997). *L'Identité sexuée*, Paris, Dunod, coll. « Les Topos ».

LURÇAT L. (1984). *Le Jeune Enfant devant les apparences télévisuelles*, Paris, Desclée de Brouwer.

NOËL B. (1991). *La Métacognition*, Bruxelles, De Boeck.

PIAGET J., INHELDER B. (1989). *La Psychologie de l'enfant*, Paris, PUF, coll. « Que sais-je ? », 1re éd. 1966.

POUTHAS V., JOUEN F. (1993). *Les Comportements du bébé : expression de son savoir ?*, Bruxelles, Mardaga.

RONDAL J.-A., ESPERET E. (1999). *Manuel de psychologie de l'enfant*, Liège, Mardaga.

THOMMEN E. (2001). *L'Enfant face à autrui*, Paris, Armand Colin.

ZAZZO R. (1983). *Où en est la psychologie de l'enfant ?*, Paris, Denoël, Folio Essais.

- **Pour en savoir plus**

AINSWORTH M.D.S., WITTIG B.A. (1969). « Attachement and Exploratory Behavior of One-Year Olds in a Strange Situation », *in* B.M. Foss (éd.), *Determinants of Infants Behavior*, vol. 4, New York, Methuen.

ANATRELLA T. (1988). *Interminables adolescences*, Paris, Cerf-Cujas.

BASSANO D. (1982). « Études sur la modalité “croire” », *Archives de psychologie*, *50*, 165-190.

BASSANO D., CHAMPAUD C. (1983). « L’interprétation d’énoncés modaux de type assertif (…savoir que…) chez l’enfant de 6 à 11 ans », *L’Année psychologique*, *83*, 53-73.

BRADLEY R.H., CALDWELL B.M. (1976). « Early Home Environment and Changes in Mental Test Performances in Children from 6 to 36 Months », *Developmental Psychology*, *12*, 93-97.

BRAZELTON T.G. (1983). « Échelle d’évaluation du comportement néonatal », *Neuropsychiatrie de l’enfance et de l’adolescence*, *31*, 2-3, 61-96.

BRONFENBRENNER U. (1979). *The Ecology of Human Development*, Cambridge, MA, Harvard University Press.

BRUNET O., LÉZINE I. (1951, 1971). *Échelle de développement psychomoteur de la première enfance*, Paris, EAP ; révision D. Josse, 1997.

COLAS M., REBIÈRE C. (2001). « Au 1er février 2001, sept mois après leur sortie du système éducatif, près de trois lycéens sur quatre ont un emploi », ministère de l’Éducation nationale, direction de la programmation et du développement, *Note d’information* 02.35. (Les « notes d’information » sont disponibles sur le site : www.education.gouv.fr)

DUMAS J.-E. (1999). *Psychopathologie de l’enfant et de l’adolescent*, Bruxelles, De Boeck Université.

EHRLICH S., FLORIN A. (1989). « Ne pas décourager l’élève », *Revue française de pédagogie*, *86*, 35-48.

ERIKSON E.H. (1968). *Adolescence et Crise. La quête de l’identité*, Paris, Flammarion, 1972.

FAYOL M. (1997). *Des Idées au texte. Psychologie cognitive de la production verbale, orale et écrite*, Paris, PUF.

FLAVELL E.R., FLAVELL J.H., LEMPERS J.D. (1977). « The Development in very Young Children of Tacit

Knowledge Concerning Visual Perception », *Genetic Psychology Monographs*, *95*, 3-53.

FLORIN A. (1996). « Psychologie de la petite enfance », *in* D. Gaonac'h, C. Golder, *Manuel de psychologie pour l'enseignement*, Paris, Hachette Éducation.

FLORIN A. (2000*b*). *La Scolarisation à 2 ans et autres modes d'accueil*, Paris, Éditions INRP.

GADOW K.D., SPRAFKIN J. (1993). « Television "Violence" and Children with Emotional and Behavioral Disorders », *Journal of Emotional and Behavioral Disorders*, *1*, 54-63.

GOLDER C. (1996). *Le Développement des discours argumentatifs*, Lausanne, Delachaux et Niestlé.

GOMBERT J.-E. (1990). *Le Développement métalinguistique*, Paris, PUF.

HOULLÉ R. (2002). « Recensement des actes de violence à l'école (septembre 2001-février 2002) », ministère de l'Éducation nationale, direction de la programmation et du développement, *Note d'information* 02-23. (Les « notes d'information » sont disponibles sur le site : www.education.gouv.fr)

IZARD C.E. (1977). *Human Emotions*, New York, Plenum.

IZARD C.E., MALATESTA C.Z. (1987). « Perspectives on Emotional Development. I : Differential Emotions Theory of Early Emotional Development », *in* J.D. Osofsky, *Handbook of Infant Development*, New York, Wiley, 2e édition, pp. 494-554.

KAIL M. (2000). « Acquisition syntaxique et diversité linguistique », *in* M. Kail et M. Fayol, *L'acquisition du langage. Le langage en développement au delà de trois ans*, Paris, PUF.

KAIL M., FAYOL M. (2003). *Les sciences cognitives et l'école*, Paris, PUF.

KELLERHALLS J., MONTANDON C. (1991). *Les Stratégies éducatives familiales*, Neuchâtel, Delachaux et Niestlé.

KHOMSI A. (1996). « Les troubles cognitifs de la scolarité », *in* D. Gaonac'h, C. Golder (éds.), *Manuel de psychologie pour l'enseignement*, Paris, Hachette Éducation, pp. 438-455.

KOHLBERG L. (1981). *The Philosophy of Moral. Developmental Stages and the Idea of Justice.* San Francisco, Harper Row. Pour une présentation de ces travaux, voir par exemple M. Panier Bagat (1996), « Le développement social et moral de l'enfant », *in* D. Gaonac'h, C. Golder (éds.), *Manuel de psychologie pour l'enseignement*, Paris, Hachette Éducation, pp. 222-249.

LIEURY A., FENOUILLET F. (1996). *Motivation et réussite scolaire*, Paris, Dunod.

LUQUET G.H. (1927). *Le Dessin enfantin*, Paris, Alcan.

NELSON K. (1985). « Le développement de la représentation sémantique chez l'enfant », *Psychologie française*, *3-4*, numéro dirigé par S. Ehrlich, 261-268.

PATY D. (1989). *Douze Collèges en France*, Paris, La Documentation française.

PÊCHEUX M.-G. (1994). « Le développement du bébé dans un contexte social », *in* R. Lécuyer, M.-G. Pêcheux, A. Streri, *Le Développement cognitif du nourrisson*, tome I, Paris, Nathan.

PÊCHEUX M.-G., LÉCUYER R. (1989). « Les méthodes d'études du nourrisson », *in* J.-P. Rossi (éd.), *Les Méthodes en psychologie expérimentale*, Paris, Dunod.

PETITTO L., MARENTETTE P. (1991). « Babbling in the Manuel Mode : Evidence for the Ontogeny of Language », *Science*, *251*, 1483-1496.

PHINNEY J.S., ROSENTHAL D.A. (1992). « Ethnic Identity in Adolescence : Process, Context, and Outcome », *in* G.R. Adams, T.P. Gullotta, R. Montemayor (éds.), *Adolescence Identity Formation*, Newbury Park, CA, Stage, pp. 145-172.

PIERREHUMBERT B. (1995*a*). « Entre salon et laboratoire : l'utilisation du "Q-Sort" d'attachement de Waters et Deane », *Enfance*, *3*, 293-315.

PIERREHUMBERT B. (1995*b*). « Étude d'une version francophone du "Q-Sort" d'attachement de Waters et Deane », *Enfance*, *3*, 293-315.

POULIN-DUBOIS D. (1999). « Les précurseurs d'une théorie de l'esprit dans la première enfance : mythes et réalités », *Enfance*, *3*, 322-326.

PREMACK D., WOODRUFF G. (1978). « Does the Chimpanze Have a Theory of Mind ? », *Behavioural and Brain Sciences*, *4*, 515-526.

ROBIN I., ROCHER T. (2001). « Les évaluations en lecture dans le cadre de la journée d'appel de préparation à la défense. Année 2000-2001 », ministère de l'Éducation nationale, direction de la programmation et du développement, *Note d'information*, 01.48. (Les « notes d'information » sont disponibles sur le site : www.education.gouv.fr)

ROSCH E. (1976). « Classification d'objets du monde réel : origines et représentations dans la cognition », *Bulletin de psychologie*, numéro spécial « La mémoire sémantique » sous la direction de S. Ehrlich et E. Tulving, 242-250.

ROUET J.-F. (2001). « Pourquoi "bien lire" ne suffit pas : l'acquisition des stratégies de compréhension au collège et au lycée », *in* C. Golder, D. Gaonac'h (éds.), *Enseigner à des adolescents. Manuel de psychologie*, Paris, Hachette Éducation, pp. 132-143.

SABATIER C. (1994). « Niche développementale et psychologie écologique du développement humain : apports du comparatif », *in* M. Deleau, A. Weil-Barais (éds.), *Le Développement de l'enfant : approches comparatives*, Paris, PUF.

SPITZ R. (1958). *La Première Année de la vie de l'enfant*, Paris, PUF.

SROUFE L.A. (1979). « Socioemotional Development », *in* J.D. Osofsky, *Handbook of Infant Development*, New York, Wiley.

WALLON H. (1959). « Milieu, groupe et psychogenèse », *Enfance*, *3-4*, 287-296.

WATERS E., DEANE K.E. (1985). « Defining and Assessing Individuel Differences in Attachment Relationships : Q Methodology and the Organization of Behaviour in

Infancy and Early Childhood », *Monographs of the Society for Research in Child Development*, *50*, 1-2, 41-65.

WELLMAN H.M. (1990). *The Child's Theory of Mind*, Cambridge, MA, MIT Press.

WELLMAN H.M., WOOLEY J.D. (1990). « From Single Desires to Ordinary Beliefs : the Early Development of everyday Psychology », *Cognition*, *35*, 245-275.

WIMMER H., PERNER J. (1983). « Beliefs about Beliefs : Representation and Cons training Function of Wrong Beliefs in Young Children's Understanding of Deception », *Cognition*, *13*, 103-128.

ZAZZO R. (1988). « Introduction. Le fonctionnement de l'enfant à l'école », *European Journal of Psychology of Education*, numéro spécial dirigé par S. Ehrlich, A. Florin, 7-12.

ZAZZO R. (1993). *Reflets de miroir et autres doubles.* Paris, PUF.

Index des notions

Index des auteurs

046508-(II)-(1)-OSB-80° - PPC - CDD
Dépôt légal 1re édition : septembre 2003
Dépôt légal : juin 2004 suite du 1er tirage
Imprimé en France
par l'Imprimerie Moderne de l'Est
25110 Baume-les-Dames